職棒教頭列傳

野球·人生 Ⅱ

曾文誠——著

你怎麼能不熱愛棒球？

肌力與體能教練、球評　江奕昌

從來沒有想過有一天我能夠幫一本書寫序，而幫曾公寫序，更是我連作夢都不敢想的事情。如果將台灣的運動媒體產業比喻成一支職業球隊，以曾公的資歷以及地位，絕對會是總教練的熱門人選。而收到曾公的邀請幫這本書寫序的我，就好比是一個得到總教練青睞排進先發打序的菜鳥。興奮中帶著一絲絲的不真實，戰戰兢兢地完成總教練交辦的任務。

職業棒球的面貌在近年來有了極大的變化。隨著數據及運動科學的導入，我們可以更精準地評斷及訓練一名選手，進而更有效率地產出勝場數。然而，在這個追求效率的過程中，我們似乎也犧牲了一些什麼。越來越多的專欄文章專注在球員繳出的數據而非球員本身，而許多棒球界前輩所擁有的寶貴經驗，則越來越不受重視。

身為擁有教練／創作者雙身分的我，一直在思索著該如何在理性與感性、傳統與創新之間找到平衡。但是這個矛盾，我在曾公身上看到了近乎完美的解答。從曾公的球賽轉播中可以聽出曾公對於現代棒球觀念的了解；而從文字裡，則可以看到曾公對往日棒球的情懷。

在我與曾公第一次見面的幾天之後，我回家吃飯，席間興高采烈地說著當天聊天的內容。而我父親（同時也是本書受訪者之一的前兄弟象總教練江仲豪）緩緩地說了一句：「是啊，曾文誠就是那麼親切又認真的人。」接著，他開始回憶起當初職棒草創時期，身為職棒雜誌記者的曾公總是會在賽前的空檔來找他聊天，並問著各種有關棒球的問題。

聽到這一段，我瞬間懂了。就是這種親切誠懇的特質，再加上職棒草創時期的革命情感，讓原本不善於交際、警戒心相對較高的棒球人們，一個個願意敞開心胸，分享他們心靈最深處的感受。這也是為什麼唯有曾公，才有辦法寫出《野球人生II：職棒教頭列傳》的內容。

我在《野球人生II：職棒教頭列傳》還在網路上連載時就是忠實的讀者了。每當曾公在臉書上分享該系列的新文章時，我絕對是第一時間點開來看。就如同曾公一直以來的寫作風格與對待後輩的態度一樣，這些作品總是能給人一種「溫暖」的感覺。透過曾公的文字，彷彿這些棒球界的大前輩們就坐在我們身邊，訴說著一個又一個精彩的棒球故事。

我還記得第一次聽說曾公有意把《野球人生II：職棒教頭列傳》內容集結成冊的計畫是在我下班回家，一邊騎著 YouBike，一邊聽著曾公接受《HITO 大聯盟》的訪問。當時的我就在想：「這本書未來一定會成為台灣棒球歷史的珍貴資料。」但萬萬沒想到的是，我現在竟然在為這本書寫序。

我想，這本書的內容有多精采，毋須我再贅言介紹，就留給大家自行細細品味。反倒是我自覺萬分榮幸，能在這本書裡留下一點點的記錄！

這些傳奇總教練教會我們的事

《運動視界》主編　楊東遠

二〇二〇年的七月，我相信凡是棒球迷都一定拜讀了曾公的《野球．人生：別無所「球」的追夢人》，因為那實在是一本會讓人愛不釋手的棒球素人故事集；緊接著在九月，曾公受邀上我們製作的podcast節目《運動視界啪》錄音暢聊新書與人生，我善盡地主之誼請他在松菸誠品二樓坐下來好好喝杯咖啡，過程中我們彼此分享近況愉快地聊著，令人慶幸的是，您現在手中這本書的內容構想就此催生了。

還記得當時聊到我們網站《運動視界》的內容屬性與百家爭鳴的作者群狀況，曾公在肯定我們培育台灣運動寫作人才之餘，針對網站可再嘗試加強的題材方向上，延續著從《野球．人生：別無所「球」的追夢人》這本暢銷書中得到的回饋，他直接提出了一個寶貴的意見：「運動文章不該只有數據」，讓受採訪的當事人說話，多點人味的故事，會有更多意想不到的收穫與影響力。

這建議像是一個直接往好球帶正中央塞進來的剛猛速球，「啪！」我彷彿聽到了這顆球打在手套上發出的扎實聲響，頓時猶如醍醐灌頂，沒錯，這的確是我希望能多看到的內容啊！因此，曾公決定親身示範該怎麼做，這個《野球人生II：職棒教頭列傳》系列的人物故事採訪計畫，就這麼一個又一個傳奇教練的人名陸續寫在他隨身攜帶的筆記本上，並且在接下來這一年的日子，一篇又一篇的稿子傳來，讓我有幸成為全球獨家第一位閱讀到初稿的人，並陸續再協助編輯完成刊登在我們站上。

吳復連、趙士強、黃忠義、陳瑞振、郭泰源、王俊郎、江仲豪、林仲秋、呂文生、李來發、杜福明、鄭昆吉、宋宦勳、陳威成、劉榮華，以及記憶中的徐生明、王光輝及其他已故的總教練，這洋洋灑灑令球迷們看到保證會肅然起敬的總教練專訪名單，我相信也只有曾公是最適合記錄下這一切珍貴訪談的不二人選。

透過曾公的採訪功力與細膩筆觸，恰如其分地描繪出每位總教練的人格特質與執教風格，也因為採訪者是曾公，他們都毫不藏私的分享了自己的棒球生涯與某個執教關鍵時刻的當下感受，讓當年心中總存有不少疑問的球迷們，都藉此一一獲得了解答，這個系列真的是太適合在幾年時間事過境遷之後寫出來，因為隨著時間的推演與歲月的累積，某些總教練們不再只有當下那股壯志未酬的強烈感受，還多了一些心如止水般的轉念思考與豁達體會。

當系列文刊載到一半的數量時，我好奇問曾公是否之後會有已故徐總的文章？他本來回答：「沒有，根本沒想到他會這麼早走……」，當下感覺好像心中的某一塊又被挖空了（我以前是味全龍迷，難忘那最後的三連霸），直到系列的尾聲，徐總的文章還是來了，而且還多加強了催淚的力道。套句曾公說過的名言：「昨天太小、明天太老，今天剛剛好」，我們真的不知道明天跟意外哪個會先來，所以千萬記得以後「看球要趁早」。

這篇推薦文的最後，雖然有句俗話說「成敗論英雄」，但無論這些傳奇總教練在您眼中是否是一位「成功」的總教練，這些功過評價就悄悄地留在各位球迷們的心中吧，我個人始終相信「一個好的總教練絕不是只有戰績與排名」，在數字之外，我們一定還能從中得到很多更有意義的價值與故事，而這也是當初曾公所希望傳達給我的智慧與啟示。我很喜歡，希望您也會喜歡。

這是一本屬於管理者的棒球書

知本老爺酒店總經理　劉祖寧

二〇一七年以前，曾公——曾文誠對我來說，就和許多棒球迷一樣，只有在電視球賽轉播或棒球專業分析的節目中聽過他的聲音及看過他的人，也一定讀過他的棒球相關著作，二〇一七年太空人隊拿下了冠軍戒指結束精彩的世界大賽系列後（可惜的是兩年後這枚冠軍戒指似乎不再閃閃發亮，當然這不是本書要探討的事情），曾公踏上了徒步環島的路，就在他走到美麗的台東，本來要前往綠島徒步的行程因為天候不佳船班停駛，讓我有機會接待到這位棒球界公字輩的人物，甚至幸運地從只是久仰曾公的鼎鼎大名，變成一起完成徒步綠島還一起被關（島）、一起騎完一日北高、一起參加馬拉松及鐵人三項活動的朋友，而且計畫一起完成的挑戰持續增加中。至於為什麼找我寫這本書的推薦序？除了我目前的工作和這些故事主角相當類似之外，或許與我從事棒球運動多年，對於棒球領域的接觸與了解有很大的關係。

近五年才認識的朋友可能只知道我熱愛單車及鐵人三項運動，其實在我來到台東工作與生活以前，我熱愛棒球的時間已經三十年之久，至今骨子裡仍然擁有棒球魂，許多棒球的事情依舊讓我澎湃與感動，許多從棒球運動裡學習到的精神與態度持續在我的職涯中被學以致用，其中特別要感謝我在大學校隊時期的教練－陳介正，他的至理名言不時地讓我在工作與生活中關關難過關關過。

永遠都記得二〇一六年被集團指派到知本老爺酒店擔任總經理的那一天開始，我就不斷地思考如何在有限的管理團隊中安排出足以贏得客人認可及工作和諧的陣容，從了解團隊成員的個性與專才開始，到給予合適發揮的空間與角色，每隔一段時間還要檢視成員的適應性與未來性，總覺得自己就像是職棒總教練一樣，要思考每一場、每一季的選手陣容來面對瞬息萬變的比賽，還要營造球員享受在球場上拚搏的氛圍。我記得和曾公一起在綠島徒步的時候，我們聊了許多有關棒球與人生的態度，其中曾公的一句話到現在我還記得，他說「我應該推薦你去當職棒球團的總經理……」，從一位棒球領域閱歷這麼深的前輩講出這句話，我當時先是嚇到，但是後來仔細想想如果有機會，沒有不可能，這句話也是曾公常說的。

這本書裡的總教練們相信大家都不陌生，無論是選手或是教練時期的他們對於棒球運動的貢獻更不在話下，但是大部分為人所知的事蹟都是來自於比賽的實況及媒體的後續報導，有許多不為人知的歷練與耕耘的過程，還有對於帶領球隊的理念與心法，曾公以多年來親身近距離的相處與專訪，再透過擁有棒球專業素養及獨特風格的文筆，讓我們對於這些總教練們有更深的認識，甚至說學習也不為過。我們可能不知道擁有奧運銀牌的國家隊當家二壘手、中華職棒二壘魔術師、可能是棒球史上唯一總教練代打滿貫全壘打的東哥——黃忠義，也曾經有「我差人家太多了！」的經歷與感觸，即使現在身為球評，也有難以量化的改變。選手時期人稱小飛俠，在我個人印象中不太搶眼但是五年奪四冠的飛總——呂文生，讓曾公承認是他的球迷，甚至從他身上學到「完全信任」、「專業能力」、「知人善任」還有「責任承擔」。

我認為這是一本不只是讓棒球迷想看的書，應該也是一本值得管理者閱讀的書，如果你是棒球迷又是管理者，那就太棒了！

真正球迷才看的，看的才真正球迷

導演　盧建彰

有些人你會想親近，有些人你會希望他不要太辛苦，因為他已經夠認真了；有些人你會希望他不要太辛苦，但又希望他辛苦，好讓這世界有更多好的東西。

曾公是這樣的人。

有他跟沒他差在哪裡

我會在想做任何事前，想這件事是不是我做比較好，是不是非我做不可，若不是，那我可以去選擇別的事做，好讓我要做的事，對這世界不至於太差，同時也因為我一直覺得剩下的日子不多，做了A就不能做B，所以為什麼要做A，我至少要能說服自己。

但也別以為A就有多了不起，A可能是像我答應待會兒寫好這篇文章後要帶我女兒去安平老家的海邊看海。

這件事非我不可，因為我是她父親，這海是她的祖先看了好幾代的，仲夏時分的台南下午，我知道會很熱，一定會馬上全身濕掉，但也很值得，因為很美，很好看。

因為，是我和女兒一起看的，我們是這風景中的重要元素，因為，這影像會印在女兒的心上很久，可能比我剩下的日子還久。

我認為，曾公做這件事，寫這本書也是。

只有他可以做到，而他不做，就沒人可以做，以後也沒人做得到了。

誰可以跟他一樣，能跟總教練們說上話呢？

我想了一輪，有些人也許可以跟一兩位總教練談，但無法全部，更別說，未來年輕一輩的，真要跟總教練們聊，我覺得，嗯，連約成都難度很高很高，更別提說出心裡話。

還有，時間。

時間總是如此殘酷，它不等人，或者說，人等不了時間，也許，過了這個村就沒這個店，是個冷酷但貼切的說法。

只有曾公在這時間點，能做這事，沒他就沒人，也就不會有這事了。

無論誰以後出再多錢，都不可能，都無法發生，都只能喟嘆，只能苦笑。

嘉義美術館

曾公寫總教練們，那我來寫曾公好了。哈哈哈。

我和曾公約在嘉義美術館，我開了一個多小時的車，終於在疫情封閉後一百天見到他，他一看到我就開心的遞出禮物給我女兒，是大聯盟和中華職棒的帽子（我都想拿來偷戴，哈哈哈）。

接著，他開始興奮無比的跟我說他剛看了攝影師方慶綿的展，講說裡頭的紀錄片裡談到當初有原住民夥伴幫這位攝影師扛攝影器材上玉山拍攝，共走了三千多趟，說沒有他們的協助，就無法拍下這些珍貴的照片。

曾公站在馬路邊，興高采烈無視高溫的跟我說，頻頻說很感動很感動，我開玩笑的說，他們爬那麼多趟，大概跟你跑二二六超級鐵人一樣辛苦吧。

隔著口罩，他笑著說，沒有沒有，他們厲害太多了。

他又繼續跟我分享那些作品有多麼不容易，有多麼值得一看。

我站在炎熱近四十度的嘉義街頭，汗流浹背，看著眼前的曾公，就跟播球時一樣，認真而且被精采所感動，手舞足蹈地急著希望把心裡頭的感動傳遞到每個人的心中，那麼單純，卻又那麼理解生命中許多的得來不易。

他就是這樣懇切想跟人們訴說那些投入，那些在不知道結果會如何的時刻裡，人們做的決定，那些不為人知，也不曾被攝影機捕捉到的超級好球，和超級悲劇。

許多是帶著委屈的悔恨，許多是帶著悔恨的委屈，許多是成功背後的失敗，許多是失敗背後的成功，那些你並不知道未來歷史會如何說你，而你很清楚每一步都將是歷史的關鍵時刻裡，你怎麼擊倒歷史的歷史。

不是數據是大數據

我是非常相信科學的，因為數字會說話，我的工作更是高度的必須以數字來評估成效，但是，我也很清楚，數字會說話，但都是事後說的，真正驅動那些數字的，是故事。

就如同我們多數人的工作一樣，我們最後也許會得到些金錢數字作為報酬，但你真正有強烈感受的，必然是在那過程裡發生的事，你的在乎，你的期盼，你甚至為了那件事付出的癲狂。

那是人性。

那是態度。

那是人之所以為人而不是機器的重大差異。

有時，我認為，比起一些統計數據，那應當稱之為大數據，大數據將左右時代的走向，大數據也成為時間洪流的主流，讓我們這些渺小個體，在隨波逐流裡，稍稍清楚自己是在上游還是下游，並試著奮力一搏，前往彼岸。

人性，是閱讀這書，最能夠獲得並進而改變自身生命的大數據。

球迷讀好，不是球迷更好

我是做廣告出身的，永遠會去思考受眾是誰，這本書，當然是球迷來讀，不，是球迷一定很想拜讀，可能會跟我一樣，興奮的一次讀完。

然後，又再從頭看一遍，再刷。

我本來想說跟我為中華職棒三十年展寫的標題一樣，「真正球迷才來的，來的才真正球迷」。

但，老實說，就算不是球迷來讀，可能也很好。

就算你完全不知道，那些人名是誰，我相信你都會有所獲得。

為什麼呢？

因為，那就是一個個濃縮精，而且經由一個特別的調理方式，讓你一錠入口，芳香馨暉四溢，幾十年的能量精華，都在此刻迸發。

當然，如果你想學習的是領導統御，這書裡絕對有，以我企管系畢業鑽研管理學多年的淺薄認識，這書絕對可以讓你進一步去思考，自己作為一個領導者，想創造出怎樣的一個文化，更能進一步去思考，一個組織的模樣如何與領導者的心性有關。

我們當然也很清楚，這不是你想要怎麼做就做得到，而就算做得到，結果也未必符合預期，而這就是比賽精彩的地方，這就是人生值得玩味的地方。

當然，管理，不只是管理別人，也包含管理自己。

你怎麼管理自己?在家庭，在公司，在組織，在同學群組，在鄰里間。

管好自己在管別人時，客氣有禮，管好自己就事論事，管好自己以一種老大風範，或者，管好自己不去硬性管別人？

無論如何，這個管理方式最後都將會驗證，在比賽的最後，在人生的最後，那些個下決定的關鍵時刻，都會快速地再現重播，一頁頁翻過，或者一格一格放映，你可以尖叫，你可以流淚，但你不可以否認。

你會在讀完這書後，明顯感受到自己的不同，明顯想做點什麼，就算一開始還沒有頭緒，但你會很有衝動，想衝出去做點什麼，好讓自己對得起那個已經不太一樣的自己。

這是我最誠摯的感想。

也許可以稍稍勉強對得起曾公這些文章的誠懇、誠意、誠心。

（有發現裡面藏了某個人的姓名嗎？）

回到書中曾公的提問，我呢，我想當呂文生。

你呢？

自序

他們不僅是總教練，也是有故事的人

多年前曾參與過一本棒球書的編輯，書名為《日本職棒監督列傳》，雖然是工作上的接觸，但非常喜歡這本書，寫的是歷代日本監督，但特別的是裡頭沒有太多帶兵記錄，有的只是身為監督者，那屬於人性的一面。作者近藤唯之在序中寫到這麼一句話：「對於職業棒球的監督來講，最最需要的是什麼呢？是用兵作戰的頭腦？是出色的管理才能？還是與球員一起喝酒的人際關係？」

那是非常多年以前看到的話，但印象很深刻，我也想知道答案，想在台灣擔任過職棒總教練的這些人身上找到答案，所以我也想寫一本台版的「職棒監督（總教練）列傳」。不過這個計畫因各種原因拖延著，期間也出了些棒球還有其他類別的著作，直到去年夏天，當年那個強烈念頭再起，「該動筆了！」我告訴我自己。

我第一個聯絡、想寫的是王光輝，從最容易訪也是口條最好的先上手，讓事情一開始就很順，然後一路往下走就簡單多了，但真應了那句「天不從人願」，第一個想寫的人卻是最後完成的文章，但始終沒有、也永遠聽不到王光輝本人的答案了。

我很堅持訪談寫作必須面對面進行，那可以直接感受受訪者對問題的情緒反應還有當下的氛圍。如果還有其他原因，那就是「敘舊」而已。這些多數在我職業生涯屬於同梯老友的前教頭們，能再有機會聚聚我是很珍惜的。

所以我除了相當清楚針對這些擔任過總教練的受訪者，自己問了哪些問題，然後訴諸文字發表出來，更記得的是在這過程中我去過哪些地方，林仲秋的東勢高工棒球場、王俊郎的名人堂飯店、郭泰源的捷運附近咖啡店、陳瑞振的薑母鴨熱炒店、趙士強的辦公室……記得很清楚，甚至過程中他們說的那些和主題沒有關聯的話，郭泰源說：「啊你都喝黑咖啡喔？」陳瑞振說：「點這樣夠嗎？」不等我回答，他又跑去找老闆加點了，還有王俊郎也是，一直推薦他現在服務的名人堂飯店甜點有多好吃，一定要來一口。這些我沒有寫在主文裡，但會記一輩子，那不是單純採訪者和受訪者的應對，而是一種多年交情下來的特殊對話。

這是一本寫「人」的書，因為是寫人，不同的人就有不同的故事，所以在這本書裡你不會看到冰冷的球隊戰績，也不會有成敗論英雄似的檢討，就是想說故事而已。我試著用不同的寫作風格去書寫他們，書裡你將看到每一篇文章都是不同的，可能有點自誇，因為風格不同，所以讀起來會深覺像在看影音平台那一部部影集般精彩。

因為著重的是人物及故事性，所以在挑選書寫對象、尚未著手訪問時，我對他們就有一定的畫面感：像一直隱藏在曾紀恩身後、很沒有存在感的江仲豪；還有劉榮華，像是沒有業績戰功的總經理，卻要帶領一群TOP SALES往前衝；再來是吳復連，在休息區很能和選手、教練稱兄道弟，幾乎可以想像到他右手搭在別人身上的畫面。所以也許可以先解釋，為什麼台灣職棒這麼多人坐過總教練位置，我卻僅僅挑了從總教練位置退下來的這幾位，是因為我希望不在其位的他們，能更毫無保留的暢所欲言。

在故事中，我們可以慢慢地探索、尋找他們走到總教練這個位置的過程，有的是一步步努力走上去，有些卻是被逼上位置，相當不同。還有，身為總教練，但在帶兵過程中，個人特質是否會左右球隊的風貌？例如那江湖味很重的郭泰源、趙士強還有吳復連；或是面對不同環境，試著修正自己，像那個很會打全壘打的林仲秋，以及受過大傷重新振作的陳威成；還有，不願服輸、想證明自己能耐的劉榮華、陳瑞振……在我們稱呼他們為某某總背後，也可稍許探出那個問題的答案：「對於職業棒球的監督（總教練）來講，最最需要的是什麼呢？是用兵作戰的頭腦？是出色的管理才能？還是與球員一起喝酒的人際關係？」

如果要分類的話，徐生明擁有的是絕佳的作戰頭腦；呂文生是出色的管理才能；吳復連……喔，先別誤會我會寫他是和球員一起喝酒培養人際關係的總教練，但他和選手很麻吉也是不爭的事實。但就這樣把總教練分門別類好像也不對，你不太可能只有一招就能治天下，總教練是人，底下的選手也是人，人和人相處是最難的學問，這個學問有一套標準嗎？沒有。有一本好用、絕不會出錯的總教練領導統御學嗎？我從不相信。

所以回到故事本身吧！那很人性的總教練帶兵作戰的另一面。如果在閱讀文章過程中，你有所啟發，不論是正能量勵志，像陳威成的傷後再起；或努力奮鬥，如一路向上爬的劉榮華；或是絕佳抗壓力，像陳瑞振帶著殘兵敗將拿下總冠軍；又或是從中領悟到帶人的管理學，像大家都愛他的呂文生、很多人都怕他的徐生明。如果能從中得到些什麼，那我很替你感到高興，也正是這本書的價值所在。

Table Of Contents

目　錄

Chapter 1

陳瑞振

時空錯置的棒球魂

棒球是有靈魂的運動，沒有靈魂的人沒有資格打棒球。

～陳瑞振

禮貌來自於尊重

陳瑞振是個很有禮貌的選手。

很難同意、或很難想像這句話嗎？

中華職棒史上，應該沒有幾個總教練像陳瑞振這樣，明明拿過總冠軍卻滿滿的爭議。人有很多面相，要我說陳瑞振，直覺的說，他就是個很有禮貌的選手。

那天在台中舊球場，陳瑞振第一次穿上職業隊球服，我想過去和他打個招呼，陳瑞振卻遠遠地帶著憨厚的笑容先對我說聲好。那場比賽嚴格說來，對陳瑞振是很不好的記憶，人生的第一場職棒比賽，卻在跑壘時被黃忠義的假動作捉弄，很尷尬的PLAY、菜味十足的跑壘PLAY。但那場比賽並無損於兄弟從其他隊爭來陳瑞振所費的工夫，也無損於陳瑞振之後成為明星選手的價值。但我要說的重點是，第一場比賽前極有禮貌打招呼的陳瑞振，並非是新人才如此，而是那場比賽後，無論明星選手光環加持，無論總教練頭銜加身，陳瑞振都一如既往，總是滿面笑容，總是禮貌周到。

這純粹是我的想法，陳瑞振的禮貌應來自於傳統，一種對輩份的尊重。而這份依循傳統，一切照老規矩而為的態度，是否影響到後續帶兵、帶球隊，進而引發那麼多爭議的背後因素呢？

帶著滿滿疑惑的我來到了嘉義，迎接我的是滿滿笑容的陳瑞振，他早已在高鐵站二號出口等我，搖下車窗對我笑的，還是那張熟悉的臉龐。

陳瑞振剛從中國回來不久，就接下東石青棒隊教職，不過車上兩人話題從中國談起，他總結了一句離開中國的理由：「要讓我把看到的事情裝做沒看到，我做不到。」陳瑞振這麼說。

他看到什麼？我實在沒什麼興趣聽，或許心裡就是覺得那樣的地方出什麼太奇怪的事都不意外，但陳瑞振這一句話就凸顯了他的個性，一種衝動拉不住的個性。

不到十分鐘時間，我們已經坐在路邊的薑母鴨店裡，略帶點冷風的夜，吃這味似乎是不錯的選擇。陳瑞振熟門熟路地拿菜盤、點爐火，搞定動口前的作業。在面對馬路的座位上，看著陳瑞振忙進忙出，等等，我驚覺自己認識陳瑞振也超過二十年了，好像還是第一次「採訪」他，但這不重要，我只想知道一些問題的答案。

第一次接中職總教練就上手

像記流水帳的問法，從接總教練談起。

陳瑞振（前）從中國回來後，接下嘉義東石高中青棒隊教職，圖為其在黑豹旗觀眾席關心球隊賽況。（中央社提供）

二〇〇九年假球案重創中職、重創兄弟象，風雨飄搖之際，實在不確定中華職棒還能不能有明天，即使你再討厭兄弟象隊，也不能不承認一個事實，主力選手快被抓光的兄弟象，如果洪家決定不玩，那麼中職也就GG了。

洪家最後決定挺下去。但問題是，要由誰來接下這支外人眼中可用之兵沒幾人的「青棒隊」？最後兵符交出的這段史實，全世界只有三個人知道：洪瑞河、彭政閔加陳瑞振。當陳瑞振跟我回憶起這段，提到老闆找他和恰恰一起去時，第一時間我直覺以為，是彭政閔和他，二人當中有一個人要去接總教練。

結果洪瑞河只屬意陳瑞振。但三十四歲的陳瑞振顯然沒有接手的意願和心理準備。沒有意願是他剛開完刀，手術後就是準備復出再戰，前一個球季他的打擊率還超過三成，「三成打率」不是這幾年看起來沒什麼太大不了的成績，在陳瑞振當選手的年代，破三成是非常優秀的數字，所以陳瑞振很想再打，更妙的是，一旁的恰恰也對老闆說陳瑞振打那麼好，接總教練太可惜。至於沒有心理準備，過往歲月裡，接中職總教練，誰有心理準備？

但洪瑞河一句話還是打動了陳瑞振。洪領隊說：「你一直是我們規畫的總教練人選，早晚都要接，現在只是提早幾年而已。」這句話動搖了陳瑞振，也感性地想要回報洪家，所以他就順勢上船了，但陳瑞振也很快就發現，他即將跨上的，是破了個大洞的舢舨。

陳瑞振完全可以寫一本名為《第一次接中職總教練就上手》的書。

如果是本書，那第一篇章就是如何湊齊比賽人數，陳瑞振手裡只有十一名選手，同樣是被放水案波及，時報鷹有其他五隊人手支援，組成「二代鷹」。但二〇一〇這一年，兄弟象沒有這個條件，它也不是新加盟球隊，可以先到二軍比賽個一年，還能在選秀會先挑人。

去找其他三隊不續約的，去找沒有球打的，連自己哥哥陳瑞昌都扛下教練兼選手，陳瑞振說他後來總算湊到聯盟的法定比賽人數，菜鳥總教練帶一群外人眼中的殘兵敗將，如果還有人猜這樣的隊伍能打進總冠軍戰，且橫掃對手，那人顯然是乩童無誤。

不被看好是預期中事，但如果被說一年贏不到三十場，又似乎有點太侮辱人了，當時陳瑞振就因為聽到某球評如此預測戰績時，怒了，也激起他滿滿的爭勝企圖心。

既然被看成「青棒隊」，那非常時期就有非常時期的帶法，陳瑞振真的把這支名為兄弟象的職棒隊當學生隊伍在帶，要像基層棒球那樣，拿出百分百的精神，贏一場算一場。問題會不會就出在把它當成學生球隊在帶？

「打」代表的意義

陳瑞振以三十五歲又一個月的年紀，成為中華職棒史上最年輕的總冠軍教練，但這等榮耀顯然不敵那一拳的威力。

八年，近三千個日子過去，那一拳的威力依然在。最近網路上有兩支陳瑞振教學的影片，上課對象應該是社會人士，影片中陳瑞振在指導接滾地球及做雙殺配合時身手仍然矯捷，深入淺出的說明也讓人很快進入狀況；但，不止一位朋友傳給我這影片，也不止一人帶著譏諷的口氣留言：「我比較想跟他學打拳。」

「我承認我打了人！」陳瑞振這麼說，好像不承認也很難，在直播比賽當下被拍個正著，根本無法說沒有。

《性格販子》一書中提到，十九世紀初期發明人格測驗MBTI的凱薩琳．布里格斯（Katharine Cook Briggs）曾對鄰居說了一段話：「對孩子來說，打屁股是一種治療，只有透過這種方式，他才能明白非常重要的事實。」接著書裡解釋，對凱薩琳而言，動不動就讚美孩子，一味討好自己資質平庸的小孩，會對社會進步造成阻礙。打屁股這動作是重要的，原因可以不用多說，打就一定有效。

而對帶兵打仗的陳瑞振，「打」代表的是？

「我當然知道比賽有攝影機在拍，但我不管那麼多，態度不對就是需要改。」陳瑞振先用這句話說明。接著他沒有解釋要如何「改」，而是把重點放在「態度」兩個字。

為了忠實呈現陳瑞振的說法，我直接引述下來：

「棒球是個很不正常的運動，它要練很多、很多，卻又有很多的失敗，如果態度不好，你很難撐下去，一定會半途而廢，在我成長的過程中，碰到太多不合理的要求，我就一直把它當成一種磨練，磨練我堅持下去的態度。到了職業也是一樣，榊原教練操內野手的方式，光接滾地球就是以小時為單位，接到兩腿都酸麻了，如果沒有好的態度，想把棒球打好的態度，早就放棄了。」

接下來的話已經超脫精神層面了：

「棒球是有靈魂的運動，沒有靈魂的人沒有資格打棒球，同樣野球人，我們都彼此了解好與壞的差別。你把一顆棒球切開，會看到它是有血有肉的。」

我不知道當你讀完上面這段話是什麼樣心情，訕笑抑或是當做怪力亂神？

我只能說面對陳瑞振的我，看到的是嚴肅的表情、有神的雙眼。

陳瑞振執掌兄弟象總教練兵符那三年有許多爭議。
（中華職業棒球大聯盟提供）

再回過頭來聊那年的兄弟象。

陳瑞振清楚知道隊中的選手不如人，但如果能像學生隊伍，每場比賽把精神、態度拿出來，全力以赴，成績應該不至於差太多。雖然他很清楚，這種要求在職業隊未必適合，但這應該就是陳瑞振所謂非常時期的非常做法。不過他高標準要求的結果是，看到自覺比賽態度不佳的，就忍不住一拳揮出，即便第二天陳瑞振依然安排同一人上場先發，但那拳的威力就永遠收不回來了。

只有一拳嗎？陳瑞振的爭議就只有那一拳嗎？

在那執掌兵符的三年歲月，陳瑞振的紛擾絕不止那一拳。拋棄恩師、趕走同窗、逼走好

2010 年 10 月 23 日，兄弟象拿下睽違 7 年的總冠軍，球員開心將總教練陳瑞振（上）拋起慶祝。（中央社提供）

友，外加夜點名等狗屁倒灶之事，如果陳瑞振臉上有八字鬍的話，那他就是十足古裝劇中的大惡人形象。

八年來，沒有人知道事實是什麼。

三千多個日子前，陳瑞振選擇不解釋，他選擇的是當「謠言止於智者」、「信者恆信，不信者恆不信」這兩句話的信徒，但這兩句字面看來有道理的話，在陳瑞振身上顯然效果有限，惡質形象依然如影隨形。

八年間他不曾公開說明，但這個嘉義的夜晚，陳瑞振面對他口中的曾大哥，倒是說出了一切。

薑母鴨店一開始只有我們兩人，但陳瑞振一邊回述過往，聲量卻愈漸高亢，我在想，如果店裡高朋滿座，他的聲量也絕對能壓過所有人。當事件一件件倒帶，人物一個個拉出，中間陳瑞振不知是菸癮犯了，還是情緒難以平復，突然就丟了句：「曾大哥，我出去抽個菸。」

活到這個年紀了，很清楚的知道，傳言和事實總是有差距的，但那幾年發生在陳瑞振身上的事情，沒想到差距竟如此巨大。我也算是走跳江湖多年，該碰上的事大概都遇過，但陳瑞振口中說的，有些事聽來還是讓我震驚，甚至匪夷所思。當然，採訪只聽片面之詞永遠是最危險的，但陳瑞振當晚不止一次用近乎嘶吼的口氣喊道：「這些人都還沒有死，你去問看看，看他們敢不敢跟我說的不一樣？」真相尚未釐清前，那一刻陳瑞振的表情還是很令人動容的。

如果沒有那些有的沒有的事，陳瑞振一直有個完整的規畫藍圖，他希望首年以較嚴厲的治軍手段帶兄弟象，等三年後同一批選手成熟，從第四年開始，陳瑞振說他會有不同的帶兵方式，屆時兄弟象肯定更有競爭力。但第四年陳瑞振沒有機會證明他所說的，外面的風風雨雨不僅淋了他一身，也徹底KO了他。

自此之後，每當有球隊戰績不佳，網路上總會三不五時傳出要陳瑞振接手的說法，但陳瑞振知道，那只是一種消遣多過實際的言論，那幾年他把重心放在美和青棒隊的指導上，也以此為傲，不止是因為他培養出不少職棒選手，而是這回他真的是帶支青棒隊，而且陳瑞振一以貫之地強調「打棒球的態度」，後來，曾在美和青棒隊受陳瑞振帶領、現已加入職棒行列的球員加入我們的談話，他也證實了這一點，「教練跟我們說打棒球，態度很重要。」他這麼說。

雖然球迷要陳瑞振回歸的言論他並不在意，但陳瑞振也清楚，自己並非完全不可能重回職棒賽場（編按：陳瑞振於二〇二一年重回中職，擔任富邦悍將二軍首席教練）。如果當真，這一次的陳瑞振會有什麼不同？這是我在做這系列訪談很愛問的題目。但我先從另一個角度問起，當年徐生明曾邀約他喝咖啡，要傳授陳瑞振在職棒的生存之道，結果天人永隔下，咖啡之約永遠無法如願。

「如果咖啡喝得成，你猜徐總會跟你說什麼？」我是這麼問。

陳瑞振說他實在猜不出來。

「那麼我這樣問好了，現在你已經過了四十歲，如果面對一位現在三十四歲要接總教練的人，你會跟他說什麼？」我試著改問。

「我會勸他不要那麼『衝』啊！以前的我可能有時候太衝了，所以我想勸同樣年紀的人，如果接總教練要穩。但，說很容易，做起來很難，一旦接了總教練，很多時候由不得你，除非你不想贏，不然就是會做些和你個性不同的事。

「當教練看的面也不一樣，以前沒有感覺，自己接了三年才了解。有一次我在一個場合碰到我們以前總教練王光輝，我當面向他致歉，他還嚇了一跳，因為以前當選手只想到自己，沒有考慮到王光輝總仔的位置、他的感受。」

陳瑞振回得很有意思，也說明了一件我們都知道的事實，人，會隨著年齡或所處位置而改變。然而，在我面前的陳瑞振究竟改了多少？以前他的洪老闆說他是「都做對的事情，但卻沒有把事情做對。」後來中國的領導說陳瑞振是「眼裡只有黑和白，沒有灰。」

何者才是陳瑞振？

是一個自始至終要求棒球態度的人，抑或是一個時空錯置的棒球魂？

Chapter 2

黃忠義

別用自己的角度看選手

我以前真的是眼睛長到頭頂上。

——黃忠義

看見棒球比賽的整個面

這件事我記得很清楚，或許記得太清楚，反而影響我對一個人的評斷，這種評價一直到最近我才發現那是錯誤的。

過去我還在轉播中華職棒時，一直有個習慣，春訓時一個人開著車去各隊基地走一圈，看每一隊的備戰狀況，也順便和選手、教練聊聊，增加來年轉播的素材。一九九五年我照例全台走透透，來到第一站台中俊國熊隊，那一年熊隊來了個新同學卻是老面孔的外野手王俊郎，防守依然是老位置右外野，那時訓練空檔我走近黃忠義，隨口問了句對新隊友的看法，結果黃忠義給了我料想不到的答案：「他守右外野，不可能有滾地球可以接啦！」這什麼意思呢？言下之意是，守二壘的黃忠義，自信不會讓任何一二壘間的滾地球穿出到右外野。

這句話、這件事我一直記得很清楚，或許加上之後的從旁觀察吧！黃忠義是那麼樣充滿自信的選手，臭屁當然有他的道理。

滿滿的國手資歷，外帶脖子上的奧運銀牌，沒有人比他更好更棒了。是不是所有人都如此認為？不知道。至少黃忠義本人是如此自信的。某次在澄清湖球場比賽前，和他聊到二壘手雙殺時的站位，他在短短幾分鐘內向我說明，應依據三壘手和游擊手傳球的距離、速度和角度，決定二壘壘包該如何踩踏、轉身做到完美。「他是真的有料。」當下我是這麼想，毫無疑問，邊說邊示範動作的他也絕對如此想。

但，之後黃忠義卻發現自己看到的僅是井底世界而已。

「剛加入中華職棒時，我真的覺得台灣我最強，一般內野手很難跟我比啦！但後來才發現大錯特錯，不是說我看到台灣有別人比我好，而是我只看到台灣而已，沒有走出去的話，根本不知道棒球技術和我想的完全不一樣，我實在是井底之蛙。」

黃忠義所謂的「走出去」和俊國熊轉賣給興農牛，接著與道奇隊合作，全隊拉到多明尼加春訓有關。在興農牛前身的俊國熊時代，這支球隊曾開風氣之先，將整支隊伍移師到沖繩春訓，在當時是件大事。球隊另一重點是用了日籍總教練寺岡孝，他是我極尊重的一位教練，溫文儒雅、待人以禮是他外表給人的直接印象，重點是後來不同階段都有機會訪談到他，對他的棒球涵養佩服不已，這從他後來成為王貞治的板凳教練可知一二。

那時寺岡孝初接俊國熊，有一次在沖繩飯店裡，他對張文宗說了一句：「關於棒球、我怕我說太深你們會聽不懂。」那時在一旁的我，透過翻譯口中傳來這一句時心想：「是說教小學生微積分，怕太難嗎？」

事隔多年後，這件事我說給黃忠義聽，他笑了笑說道：「我是沒有聽到寺岡教練說過這樣的話，如果當時我聽到一定很不以為然，什麼『聽不懂』，太誇大了，但現在我相信了，棒球有太多你不了解的地方。」

回到興農牛因和道奇合作、全隊拉到多明尼加訓練之事；牛隊到多明尼加移地訓練始於一九九六年底，超過一個多月的強化後，這隻台灣牛牽到多明尼加回來後，已不是原本那隻牛了，隔年牛隊在下半季就打下五成勝率以上戰績，這是隊史第一次，不僅在帳面上獲致不錯結果，接下來數年間，球隊體質產生了變化，球員個人對棒球的觀念也從此大不相同。

2007 年，黃忠義以選手身分兼任興農牛隊總教練一職。（中華職業棒球大聯盟提供）

黃忠義說：「我以前以為的棒球技術是很單向的，就拿內野守備來說好了，我是二壘手，就負責球彈跳過來，我算好接球點、接到球，然後傳一壘，完成出局。這是我一直練習、認知上的棒球。到了多明尼加之後，那裡的棒球學校有各種不同的教練指導，他們讓我看到的是棒球比賽的整個面，防守上是要不斷跑動的。」

黃忠義的話讓我想到另一件事，當時帶隊到南美的總教練王俊郎提到，某次比賽，在壘上的牛隊選手，在兩出局後，打者球擊出去，他先看了一下球行進的方向，然後再漫不經心的跑動，結果賽後，棒球學校的教練讓他跑個沒完，不斷演練兩出局後低頭快衝的動作。

幾趟多明尼加之行，或許可以說是讓黃忠義眼界變高了，但身段也變軟了嗎？或許魚貝精（Juan Bell）加入興農牛陣容，讓他有機會和大聯盟等級的內野手搭配，他的身手、如何解讀甚至「玩」比賽，才讓黃忠義見識到什麼叫做「高手」，那個過去常不給游擊手好臉色，甚至讓雙殺夥伴有壓力的國家隊當家二壘手，自此才真正了解人外有人、天外有天。「我差人家太多了！」這是黃忠義的感觸，還有後話：「我以前真的是眼睛長到頭頂上。」

如果黃忠義這極自負的選手退下當總教練，會是什麼樣的結果？

這或許是本文的重點之一。好選手會不會是好教練？

關於這一點你會想到誰？我總是會想到那神一般地位的王貞治，頂著世界全壘打王的頭銜，走下神壇的王貞治接掌巨人兵符之後，雖然五年中也曾帶領球隊打入日本一（最終敗給西武），但對要求年年冠軍是唯一目標的巨人而言，還是失敗的，最終王貞治被逼下台離開巨人，多年後轉到南方的福岡大榮，但前三年依然沒有太大起色，甚至戰績一直是B段班，如此不堪的成績，還曾遭到球迷丟擲泡麵的羞辱。不過一九九九年後王貞治不同了，他帶領的大榮成為日職常勝軍，拿下兩次日本一，王貞治本人也成為首屆WBC的冠軍總教練。

這證明王貞治能成為一位好總教練，重點是為什麼花了那麼長的時間才得出這樣的結果？有著無人能及的選手生涯，為何不能即刻轉化成第一名教頭？這個問題我曾請教過陳潤波老師，他的回答是「像王這樣的球星當教練，最有可能的是用自己的角度看球員，因為自己是好選手，會覺得，一點都不難的動作，你們怎麼都做不出來，或表現不出來；我聽說他曾在球員練習時也在場邊揮棒，這應該讓自家選手很有壓力吧！」

陳老師生前這段話正好呼應了黃忠義在訪談時提及的觀點，而且簡直是一模一樣，他說「以前徐總（徐生明）在帶我們的時候，我在他旁邊學了不少，印象最深的是他跟我說『別用自己的角度看選手，因為用自己過去的成績或術技看自己球員，可能會有誤差。』」

黃忠義將這句話記住了，但有反映出他帶隊的成績嗎？

總教練與代打滿貫砲

結果他當總教練的那年（二〇〇七），牛隊戰績三十四勝四十六敗，連五成勝率都不到。這狀況是？

這的確是事實，儘管你問黃忠義一百次，他都不會承認，那一年那種帶兵打仗還得身兼選手的，不算是真正總教練資歷。

說到底似乎又是那個老話題，台灣職棒總教練看來就只是個「位置」而已，早上起來你可能就從選手搖身一變成為總教練，是不是準備好了？打了再說！黃忠義坦言，他一直到下半季才知道總教練是怎麼一回事，但沒人等他成長，隔年球隊就換人帶，留下的就是那支空前恐怕也是絕後的「總教練代打滿貫砲」。

也許大家有興趣，那支代打滿貫砲是如何產生的？

黃忠義回憶，那一年隊中傷兵實在太多，不得已總教練只能兼選手，原以為就僅是備用而已，不太有機會真用得到，但那場對La New的比賽，打擊教練林仲秋對著他說：「總仔，實在沒人了，你能不能上？」他才硬著頭皮拿起球棒上去，太久沒有打擊的黃忠義原本想的是滿壘，至少要碰到球不要被三振就好，卻不料大棒一揮，成為名留青史的一擊。

黃忠義忠實地回憶起這段，令我想到如果年輕時的他，同樣一件事，或許他會臭屁地說：「打全壘打不難啊！」

這只是我的想像，真實的是那短到不能再短的總教練生涯，黃忠義實在拿不出比較能說嘴的事。但人生經歷的每件事都該有它的意義，黃忠義卻沒有說，這一年的總教練頭銜他學到什麼？重點反而在下次，如果有的話他知道怎麼做。會講到這，是因為我和他的對談就在FOX體育台的轉播室外，話題難免聊到棒球轉播，他自覺很幸運因轉播才能大量接觸日本職棒，看到比中職更高一層的比賽內容，讓他學了不少，接著又代班了幾場美國職棒。「那根本就是另外一個世界。」

黃忠義這麼形容。

至今，那個曾經不可一世的國家隊當家二壘手，才驚覺人外有人，棒球遠比想像深奧的黃忠義又變了多少？其實很難量化。但他說了一段話很有意思：「從小到大，我寫的字應該一支原子筆都寫不完，但現在為了記棒球重點，筆記本已經記了好幾本。」

黃忠義一直在變，反而是我差點成了永遠以印象取人、一直沒有改變的人。

曾經不可一世的黃忠義，在不同身分下一直在改變。（中華職業棒球大聯盟提供）

Chapter 3

劉榮華

英雄不怕出身低

我覺得我不比別人差。

～劉榮華

18號投手

一九九三年，沖繩，春。

中華職棒從這一年起將展開新的一頁，從原本四支創始隊伍增加到六隊規模。新隊伍俊國熊隊開風氣之先，整支球隊開拔到沖繩移地訓練，浩浩蕩蕩的隊伍之中還有我，我不是隊職員，是以隨隊採訪的身分跟著，職棒即將進入第四年，這是我在《職業棒球》雜誌採訪工作負責的第三支球隊，從統一獅到兄弟象，現在則是俊國熊。

這是支截然不同的隊伍，不少選手進來前就是家喻戶曉的明星球員，頂著奧運銀牌光環要低調也難。不過球隊當中有位特別的外籍選手——野中尊制。此君曾在甲子園大出風頭，一九八四年更是以第一指名加入阪急隊，儘管後來因傷表現不佳，但依然是個在日本棒球界的知名人物。

此篇文章主角不是他，但一開始就稍微回憶一下野中尊制，第一次見到野中是在沖繩集訓場地，我遞上名片，他用一種很恭敬的態度雙手接著，然後透過翻譯和我說：「很不好意思，我球服沒有口袋，所以只能手拿著，等一下我再收起來。」這麼有禮的開場白及動作，一直記到現在。

因為野中尊制曾是日本球星，加上俊國熊又是第一支到日本土地上春訓的台灣職棒隊，自然吸引了不少日本媒體前來，在訪問完野中，拍完場內打守訓練之後，突然像是有人發號施令般地跑向牛棚練習區，因為有人發現裡頭有選手穿著18號球服在練投。18號！那是代表隊中王牌的號碼，過去在日本職棒各隊歷史中出了不少18號名將，大家最熟悉的西武郭泰源、羅德的伊良部秀輝、廣島的佐佐岡真司、養樂多的伊東昭光，還有巨人的桑田真澄，這還只是俊國熊到沖繩的一九九二年之前，之後的松坂大輔、田中將大更是將這個背號發光發熱，對了，以第一指名加入球隊的野中尊制也曾是18號。所以18號在日本人眼中是不一樣的，因此很好奇台灣這個穿18號的投手有什麼身手，但看了一下之後，日媒個個面面相覷，有點黑人問號的彼此對看，為什麼這位台灣投手，投球的速度、變化球角度一點都不怎麼樣，卻穿著18號球衣呢？

這位18號投手就是劉榮華。

至於劉榮華選18號的原因是？他說：「那時球員不多，背號很好挑，就選了個看起來像投手的背號。」原因簡單到令人莞爾。

儘管過去在中職有人穿了17號大顯神威，炒熱了這個號碼，但嚴格說來在中職，背號的意義並不大，所以即使選了個在日本人眼裡很嚇人的號碼，但對俊國熊首任總教練寺岡孝、也是日本人的他而言是一點價值都沒有，職棒是個實力論定一切的世界，所以職棒第一年劉榮華出賽數僅九場，這還不是最少的，再來兩年，他上投手丘的次數各是四次，三年加起來是十七場出賽，可能主力牛棚投手半年的登板數就超過了。

關於這點，劉榮華沒有任何怨言，對於人生第一位職棒總教練寺岡孝，他充滿了尊敬，劉榮華說：「職棒本來就是比能力和知名度，我沒有怪教練沒讓我上場，其實我在他身上學了不少東西。」這是劉榮華給我的回答，時間點是二〇二一年的今天，但如果同樣一句話，我是在一九九五年後，當他離開職棒賽場，或說白一點是被淘汰之後，也問同樣問題，他是不是也會有同樣的回答？尤其在加入職棒之後，劉榮華一直不覺得自己比別人差，也做了不少的努力，但結果是上場機會少之又少，那個當下他的心情不知是如何？

亦或是從另一個角度思考，從一九九六年到今天，劉榮華在不同的教練位置上工作近三十年，看事情的角度已經完全不一樣，「職棒

劉榮華任興農牛隊總教練時曾兩度奪下總冠軍。（中華職業棒球大聯盟提供）

本來就是比能力和知名度」這句話，與其說是對當年自己未能表現的釋懷，倒不如說是對現在工作內容的再確認。

教練工作一幹就是二十幾年，期間還拿下幾次總冠軍，以台灣換教練的頻率來看並不太容易。如果我們這樣想，當年那個18號投手投出了像他背號一樣的成績，那他的人生會不會完全不一樣？明星選手當不了好教練，這句話我們都聽過，反過來說，二線的板凳球員，會不會就是優秀教練的最佳產源？沒有人敢打包票，不過至少劉榮華一直想證明。

吃飯、睡覺、打棒球

努力與改變從一九九六年開始。前一年劉榮華從選手身分退下來，球隊名稱改為興農，總教練也換了韓籍的金容雲，沒什麼班底的金總教練把劉榮華拉進教練團當中，職稱是「守備兼體能教練」，聽起來很厲害，但劉榮華很實在的對我承認一件事：他剛開始對什麼是職業棒球似懂非懂，什麼方向也沒，當選手時就只知道努力練習等機會，等到了變成教練，一樣沒什麼概念，就是按以往看到的、學到的，像師父教徒弟那樣地再搬出來。

這狀況直到多明尼加集訓之後改變了。有沒有發現一件事，在這個系列文章之中，究竟有多少總字輩的人提到這個國名與那所棒球學校帶給他們的改變？黃忠義、王俊郎、陳威成，現在是劉榮華。

「好可惜，後來興農牛沒有再和道奇合作了。」我這麼說。

「嘿啊！真的很可惜，不然台灣棒球絕對會不一樣。」劉榮華這麼回我，完全不是順我的話，那語氣聽得出來，像是遺落了什麼重大事物般的低沉。

回頭看興農牛這支消失的中職隊伍，隊史有六次季冠軍、兩座總冠軍，在中職歷史留下一筆。但在十七年的隊史中卻也爭議不斷，尤其在球隊進入二〇〇三年後，其經營方針在牛迷眼裡，簡直是不間斷地在實驗各種趕跑球迷的方式。

即使如此，待在這球隊從改名到結束轉賣有始有終的劉榮華，卻依然感恩總裁楊天發，當年把他們送到多明尼加的決定。

「一簽就是三年，那是要花好多錢的！」劉榮華用一句話來說這決定很不容易。

加入俊國熊前對職棒沒什麼概念，離開台灣到多明尼加，劉榮華同樣對「棒球學校」沒什麼多餘想像。只是這麼跟著去，結果踏進了全然不同的棒球世界。

「對台灣來說，如果不是親身經歷過，幾乎沒有辦法想像那種『每天二十四小時除了吃飯睡覺就只有棒球』的生活，當地的環境很刻苦，興農全隊基本上就是被關在棒球學校裡，門口有持槍衛兵守著，每天只有練球跟休息，對身心來說都是很大的磨練。那個年代網路也不發達，沒有那麼多的社群軟體和網路娛樂，大家除了棒球還是棒球，球員和教練都反應過，連作夢都夢到在練球。」為了更進一步了解，當年那批興農牛選手、教練們在棒球學校的點滴，我線上問了前興農牛副領隊廖昌彥，他給了我以上的回答。

每天二十四小時除了吃睡就是棒球，這是廖昌彥的形容，劉榮華的回述也一樣，只是講法不同而已：「在那裡除了練球還是練球。」還有呢？這回沒有棒球了，他說：「吃完晚飯，我們坐在戶外休息，看著天空然後聊天，那裡的夜色很美，有時還會看到流星喔！」

好浪漫！但也只是極其短暫的片刻。剩下的除了棒球還是棒球。我有個朋友游皓雲目前在新竹開了個頗成功的外語補習班，曾被派駐到多明尼加教當地人講中文，熱愛棒球的她利用工作之餘，也曾參訪多座棒球學校，她先說多明尼加的首都聖多明哥，人口約僅三百萬，但卻有將近一百個非正式的兒童、青少年業餘棒球聯盟，每個聯盟約有十支球隊，共兩百多名球員，這麼多小朋友打棒球，多數人之後想進棒球學校，那是他們離美國大聯盟更進一步的地方，接著皓雲分享了她的照片，從畫面可以看出，棒球學校旁完全沒有其他建築物，一兩間校舍形單影隻地立在那兒，房間內擠了四個上下舖的行軍床，然後她也拍了廚房、會議室、餐廳，說真的，跟我們當兵的軍營沒兩樣，但我們的軍營沒有棒球場，他們不但有且漂亮，這就是皓雲鏡頭下的多明尼加棒球學校樣貌，那是所有多明尼加小孩逐夢之處。所以在這樣的環境下，你可以很直接想像，的確是除了棒球還是棒球。

但我們仔細想想一件事，台灣的棒球男兒，不論後來是不是打出個名堂，哪一個不是從小被操到大，他們的人生除了棒球還是棒球，為了接、打好那顆紅線球錯過了多少、又犧牲了多少？只有當事人能深刻體會。這回從台灣移動到多國，這回的「除了棒球還是棒球」又有什麼不同？

「他們是很有系統有規畫的練習，該練什麼怎麼練的流程一清二楚。各個教練也有不同功能，是有品質的訓練，讓我大開眼界，也顛覆我過去的棒球觀念，我就在旁邊一直看一直學。」劉榮華的話讓我聽到一個重點，練習的「質」，這和台灣不少隊伍一直在練習的「量」上打轉有差別。

但看到、聽到和你真正學到，還是有一大段距離。問問你自己，曾讀了多少書，耳朵聽進了多少道理，現在還能記得多少？劉榮華記下來了，是真的一筆一筆記下來，劉榮華說，差不多從第一天起他眼界大開時，就下決心要好好學，他知道本身英文不好，但想打好棒球的企圖心讓他一點也不在意，不會不好意思、不怕丟臉，劉榮華一個單字一個單字地用極破的英文去拼湊他想表達的意思、想要問的問題，然後記在筆記本中。我好奇地問：「那筆記本還在嗎？」我絕不是質疑他的說法，而是很想看看裡頭記了什麼？對於棒球知識的探索，我比誰都渴望。

筆記本還在，劉榮華給我看了部份，這些他以武功秘笈來形容的本子。而我看第一眼的反應竟是「哇！劉總的字也太好看了吧！」三十餘年來我認識這麼多棒球教練、選手，劉榮華的字肯定能排前三名（徐生明是其中之一）。

不僅字好看，亦有充實的內容，我難免試想那段「除了練球還是練球」的日子，在一天過後、累到不行的情況下，還有體力來整理自己心得，並且書寫得整齊劃一，是很難辦到的一件事；不過如果決心想做一件事，我想再難都會找到方式來克服。

「我覺得我不比別人差。」剛加入職棒，比起隊中那些有奧運明星光環加持的隊友，劉榮華一直不服輸的告訴自己。當了教練後，是不是同樣的心態在劉榮華身上出現？更何況他選手時代完完全全沒有成績，因此更想證明自己？

我主觀認為兩者都有。但無論出發點為何，保持一個好學、認真的態度是很重要的。不但幹過興農牛副領隊，還曾是道奇亞洲事務部台灣、中國區經理的廖昌彥回憶道：「道奇的教練團都對劉榮華教練印象深刻，後來我們派過教練來台灣，即使已經身為總教練，劉總還是會繼續透過他們更新自己，學習的心從來都沒有間斷過。」自己說自己多好可以聽一下，旁人說的可信

2004 年，臨危受命的劉榮華帶領興農牛隊首次封王。（中華職業棒球大聯盟提供）

度會更高，這是廖昌彥的證詞。

多明尼加的三年學習之旅還不夠，劉榮華一直在學。

不論是自己表現出來的學習態度，還是旁人看到了什麼。總之，劉榮華成為總教練出缺的第一備案，二〇〇四年興農牛總教練陳威成因為禁賽四場，因此以代理總教練的身分領軍，勝率正好五成。但沒有人會太在意這結果，因為威總早晚會回到隊上，只是沒想到禁賽結束後的陳威成竟在下半季結束前，被拔除掉總教練位置，再由劉榮華取代。再來一個「想不到」，臨危受命的劉總帶著球隊拚到下半季冠軍，接著在七戰四勝總冠軍賽，於第七場在獅隊大本營台南力克統一拿下總冠軍，這個冠軍的意義在於這是隊史首次封王，還有什麼？這一年初興農總裁楊天發曾宣布「再不奪冠，即解散球隊」，這是續命的一冠。

這個冠軍榮耀記在劉榮華的職涯簿中，他也受到年度最佳總教練獎項的肯定。但好事者會說這個冠軍的陣容是陳威成幫他打下的基礎，他只是撿了個便宜。如果真如此，劉榮華第二年又拿了冠軍且直落四贏了誠泰，又該如何解釋？

與其說解釋，我個人比較好奇的是他如何帶球隊走向冠軍的？說起來劉榮華和奧運好似有些另類「緣份」存在。他進職棒時，隊友很多是一九九二年巴塞隆納拿奧運銀牌的球星。當了總教練，底下又有不少人參加過二〇〇四年雅典奧運，而他這位當年穿18號球衣，最後成績有點名不副實的人要怎樣帶球隊，一如沒有業績戰功的總經理，卻要帶領一群 TOP

SALES往前衝，底下的人服嗎？

會拋出這個問題，是因為我想到過去大聯盟一起新聞（事件），曾是紅襪隊大物新秀的Hanley Ramirez被交易到馬林魚隊後依然表現搶眼，還入選過明星賽，但某場比賽他因為沒被排進先發，再加上前一場處理球不當而被總教練Fredi González指責，居然公然地對著媒體嗆自己教頭"That's OK. He doesn't understand that. He never played in the big leagues." 翻成比較粗魯的白話就是「他又沒打過大聯盟，他懂個屁！」

很令人難堪、很嗆的一句話。這種情況有沒有可能也發生在興農牛身上？選手時代沒有好成績帶不動明星選手？丟出這個問題後，劉榮華遲疑了一下，顯然他從未思考過這個問題，但他還是回答了我，劉榮華說：「我想是沒有問題的，我花很多時間和選手在一起，培養彼此感情，所以不會帶不動他們，大家還是非常想贏球。」很短的一句話，究竟做了些什麼？細節他沒有詳述。在《無形資產：將人人變成神隊友的團隊默契科學》這本談運動隊伍中團隊默契的書中提到，一種叫做催產素的神經肽，可以加強彼此的信任與情感連繫，有意義的肢體接觸也會刺激催產素的分泌……催產素也能幫助他們培養感情、凝聚成緊密的群體。不過這本書百分之九十都是在談選手彼此之間如何增強感情，藉由無形戰力提昇戰績，總教練和球員之間適不適用，完全沒有提，事實上，我所接觸過的總教練，有人是刻意和球員保持社交距離的，和選手打成一片，那不是他們的為官之道。

劉榮華顯然不是，他沒有自誇是因為肚子有料所以選手才服他，而是說明他選擇和球員站在同邊，但這份感情其實可以往前推更遠一點。在多明尼加星空下，除了棒球什麼事都不能做的日子，反而能培養起革命情感，激起彼此之間的催產素。如果以結果來看，似是如此，至少，至少那位明星投手陽建福就是拚盡全力要為球隊、為劉總打下冠軍，二〇〇四年少了陽建福的興農牛，是不是能拿到隊史首座總冠軍，是非常大的問號。

二〇〇四年總冠軍戰興農辛苦打了七場才贏下來，隔年就輕鬆多了，直落四就抱回第二座總冠軍，那第二年是怎麼贏的？劉榮華歸其原因是「對方（誠泰）太累了，先要跟統一打一輪再來跟我們打，洋砲又都不在了，我們很幸運啦！」劉榮華沒有說自己多厲害，而是把主因推給了運氣好，這讓我想到那些所謂的冠軍教頭，儘管有各自領軍風格，但有一點是共同的，都會把功勞推給別人，千對萬對都是別人的對，例如那位叫呂文生的總教練，劉榮華亦同。第一次拿冠軍說是選手很拚，尤其是陽建福一直請纓上陣，還有就是自己運氣好，好似自己不用太努力，成功就從天上掉下來似的。

但我們知道那不是，自踏進多明尼加第一天起，劉榮華就努力學著想當個好教練，學著記下來所有一切，還有努力地和選手站在一起，即使穿著18號球服未曾有過驚人成就，但，那又如何？

人生怎麼開始不重要，怎麼結束比較重要！

Chapter 4

陳威成

我比誰都堅強

我不後悔曾做過的事。

～陳威成

我很堅強

那是個還沒出現通訊軟體的年代，我以手機傳了問候簡訊給陳威成，陳總回了我一句：「沒問題，我很堅強的！」在他幾乎是無預警的被解除總教練一職時。

通常，我是說通常，如果你被開除後接到友人的問候，多數你會回「我很好，謝謝」或是「我會加油」之類的，但陳威成總教練卻用了「堅強」二字。

其實他此生都很堅強的。

陳威成出身嘉義，談起嘉義棒球，那是台灣早年棒球發展的重心，不過往前推近百年前，嘉義是沒有什麼人在打棒球的。學者謝仕淵在其博士論文中訪談一九三一年嘉農中外野手蘇正生時，有段話是這麼說的：「嘉農贏得甲子園亞軍之前，嘉義很少人在打棒球，得到亞軍之後，嘉義棒球風氣興起，路上也開始有小孩在接傳球，差別很大。」這個很大的差別到了一九七〇年，嘉義又出了支轟動全國的冠軍隊伍，名為「七虎少棒」，雖然最後兵敗威廉波特，不過已經讓大家知道嘉義的存在。七虎少棒是以全嘉義聯隊形式組成，陣中有來自崇文國小的球員，會提這個是因為幾年後陳威成即是崇文少棒隊一員，不過特別的是，原是手球選手且不是崇文學生的陳威成，只因為崇文教練到他們學校選才，然後他就被挖走了，這種事如今聽來有點不可思議，但就是事實。陳威成上了國中後又被挖角，不過這回帶走他的不是嘉義當地人，而是來自台北陽明山上華興中學的教練方水泉。

我曾待過的職棒雜誌老同事蔡鶡如，那時職棒剛成立，在我們不大的辦公室中和別人談文說理，總是很配得上傳統對名校畢業生的想像，但聊起一個名字「陳威成」，她立馬失控成了標準迷妹，就只差驚聲尖叫而已。要讓歲月不留痕跡最好的方式，就是把人丟回歲月之中，三十一年後的今天，談起這個曾令她迷戀的名字，依然一副小女生樣地說道：

「我是國中一年級看到電視轉播中華盃，陳威成那時還沒轉去華興，還在嘉義大業的樣子，一看到長得這麼好看的哥哥，就被圈粉了，呵！然後一路看他高中在華興當國手，在羅德岱堡拿明星球員，大一馬上當選光華隊打國際邀請賽，我還拜託同學在六福客棧外等陳威成，因為我月考考太爛，我娘命令我趕快回家，所以請同學幫忙，最後也簽到了。我也寫過信給陳威成，他字很漂亮。

「陳威成業餘時代超強，基本上那時大家都說他是李居明接班人，打守都是。職棒之後，我們有機會去台中球場出差，可是我都不好意思去找他，呵！後來同事陳芸英曾經去陳威成家專訪他，知道我從小就是他的粉，所以拉我一起去，可是我從頭到尾都在看地上。」

這是一段迷妹的故事，鶡如應該感謝我問了她這一段，讓她重回十七、八歲的少女時代。

而當年像鵑如一樣「迷戀」陳威成的小女生肯定不少，和同輩相比，陳威成屬於顏值高的，比球技更被視為「李居明接班人」。當你稱許某某是另一選手的接班人時，那絕對不止是稱讚前者，後者也一定是個極為了不起的咖，站在中外野的李居明其防守在八〇年代最後演化成一種傳說，那種球只要打往中外野他一定接得到的傳說。

會成為李居明接班人，表示陳威成有一定的防守能力，這一點其實他下了不少工夫。他說：「到華興之後，我原本是守左外野，但有空我也跑去練中外野還有右外野，雖然一樣是守外野，但球打出的角度三個位置還是有差別的，所以我不止練一個守備，三個都練來增加自己判斷飛球的能力。不過，我覺得會進步最大的主因是方教練常要我練前進接飛球的技術，一次練就是七、八十球，就不斷直線往前接，對我的腳程還有起步時機真的助益極大。」

陳威成業餘時代是知名的明星外野手。（中華職業棒球大聯盟提供）

這個在高中成名，在輔大已被視為未來李居明的選手，會入選九二年奧運培訓隊也就不太意外。

一九八九年李來發身為奧運培訓隊執行教練，帶著這一批年輕選手從頭練起，其間有多累有多苦，在黃忠義、李來發文章中已經談了不少，要說的是大家都操得要死，陳威成自然也免不了，更何況是被視為先發的外野手人選。但三年的苦與累之後，眼看離奧運的日子愈來愈近，有著革命情感的隊員們做著相同的奧運夢，但只有陳威成，僅離一步之遙卻幾乎夢碎。

讓陳威成差點奧運夢碎的那一球，沒想到陳威成講得十分平靜：「對尼加拉瓜打到十三局，那個球打到左中外野，很快很平，我往右邊追，眼睛餘光看到江泰權（左外野手）也在退，心裡覺得我可以，我退得很快，快到牆邊我跳起來想藉右腳蹬牆力量接球，然後就『啪』一聲，整個人摔了下來。

「你問我那瞬間想什麼？我腳完全沒有知覺，似乎看到右腿歪掉，人爬不起來，然後才想完了！第一眼看到的是隊醫，接著下來能記得的就是被抬下去。」

再把鵑如叫出來，她回憶：「洲際盃對尼加拉瓜的季軍賽，陳威成接再見全壘打韌帶摔斷那場，因為電視沒有實況，所以我就聽收音機轉播，那一刻聽到心都碎惹。」

整理一下，造成陳威成重創那一球，是在一九九一年七月十四日洲際盃對尼加拉瓜的季軍賽，雙方都打到十三局了，後攻的尼加拉瓜如果把球掃出去，那就是再見一擊了。所以對防守極有信心的陳威成拚了命想把球救回來，但結果卻是雙輸，球飛出全壘打牆外，中華隊也傷了陳威成這名外野大將。

還有一年就要打奧運了，陳威成有信心中華隊可以打進會內賽，也更有信心他能入選國手，但這是之前。一個蹬腳把腿摔斷後，他的信心從一百降到十不到。陳威成對我回述許多受傷的細節，腳斷在何處、回台治療後鋼釘打在身體哪一個部位，他像骨科名醫權威般地把每一環節都說到了，我第一個直覺是：「哇！你怎麼記得如此清晰。」後來想想不對，如果有人在你身上打下不只一根鋼釘，你怎麼可能忘得了？如果是我，即使是小小的釘書針扎在我身上，我恐怕也會記很久，所以我試著把自己丟回當時陳威成的處境，傷後躺在床上面對完全不知道的未來，然後想到，我這樣講不知道各位同不同意，不論你是唸文組還是讀理工，假設把學的、教的都能吸收，那一輩子就都是你的了，但運動員好像不同，從小練到大，一個受傷很可能就像武俠小說情節，一夕之間數十年功力全毀，如果我是陳威成面對這種狀況，也許會自我放棄，然後球界再也聽不到我的名字。也許！

還好陳威成不是我，他回憶起這段只說了：「我有很強的企圖心及信心，一定可以回到球場上。」不過我更相信的是，他是一個堅強的人，面對這樣大傷還能再站起來需要很堅強的心志。那麼堅強的人該具備什麼樣的特質呢？是不曾後悔做過的事，才能勇敢面對未來？

「我沒有後悔去拚那個球，選手就是要想盡辦法讓球隊贏球，最後雖然受傷影響很大，但我沒有後悔過。」陳威成如此說道。

不曾後悔

如果你們能接受我這樣的寫作風格，不好意思讓我先跳到陳威成這一輩子最「成名」的一件事。二〇〇三年中職總冠軍戰，首度定名為台灣大賽（TAIWAN SERIES）的這一年，第五戰四局下半，興農牛鄭兆行一個究竟有沒有踩到壘包的判決爭議，引來總教練陳威成大動作抗議，進而怒擊裁判。中華職棒歷史超過三十年，即使再加上未來三十年，陳威成此一事件也肯定會排進所有爭議判決的前三名。

我問他如果今天依然沒有電視輔助判決、沒有重播，你還是會衝出去嗎？陳威成回答：「我還是會衝出去，身為總教練的最大責任就是帶球隊拿總冠軍，這一場輸了就沒有了，重點是我有看到鄭兆行踩到，怎麼能判沒有呢？我一定還是會衝出去的。」

他不後悔曾做過的事。我嘗試探索陳威成如此火爆如此衝動的背後原因，大家當總教練都想帶球隊拿冠軍，都有壓力，那為什麼唯獨陳威成衝出去，還加上那一拳，是過去所有種種累加後的結果嗎？

陳威成靠著堅強的意志力，撐過他人無法辦到的復健重回球場，雖然順利加入中華隊，但中外野的位置被另一個顏值更佳、球技更棒的廖敏雄取代。隔年和多數奧運的隊友加入職棒賽場，但洲際盃那個大傷讓他的身手已今非昔比。

日本冬季奧運兩屆花式滑冰金牌羽生結弦，在二〇一四年「中國杯世界花樣滑冰大獎賽」

賽前練習時，竟和中國選手相撞當場流血倒地，隨後被醫護人員攙扶下場，就在大家以為羽生不可能再回到場上時他出現了，他堅持要完成比賽並說出「大丈夫、死ぬまで。」（沒問題，我到死也會滑）最後在比賽中，羽生結弦前後摔倒了五次，每一次摔倒立刻站起，想辦法把下一個動作以最完美的姿態展現，他的精神讓現場不少人流下淚來，最終羽生獲得一五四．六〇高分，以總分二三七．五五分獲得亞軍。

這是多激勵人心的故事啊！但多數時候，現實的運動世界當大傷小傷來臨時，最後結果總是殘酷的，陳威成就是那個「多數」。陳威成是這麼說他在職棒的表現：「以前可以做的很多動作，傷後都做不出來，不管是守備還是打擊，身體一直覺得負荷不了。」我補了一句「是心有餘力不足？」「對，就是這種感覺。」

通常「心有餘力不足」會用在年紀增長的人身上，一種歲月考驗體力下的結果。五十五年次的陳威成那幾年算起來還不到三十歲，但不是巔峰時期的身體狀況已讓他思考未來之路，例如當個好教練。

「總教練」一職到來的那天，比他預期的時間要早，二〇〇一年季中陳威成被任命為球隊總教練。從一九九三年第一次以選手身分站上職棒舞台，陳威成所屬的球隊不論是一開始的俊國熊或改名後的興農牛，更動總教練的頻率可以直追日本換首相的速度，平均不到兩年就有新的總字輩上台。人家說「鐵打的營盤流水的兵」到了他們卻變成「鐵打的兵流水的將」。陳威成是季中接總教練，我回頭去查了一下從俊國熊到興農牛，雖然隊名改了，但兩隊經營者好像都說好似的，除了徐生明之外，前後十九年隊史、十二位總教練，竟沒有一位離開是「壽終正寢」好好帶完一整季的，都是短時間內在季中被解任，平均帶隊時間是一年半。美國諺語" Coaches are hired to be fired."（聘用教練的目的是為了開除他），十足反映在這支隊伍中。

二〇〇一年季中陳威成接手，該年結束球隊勝率不到四成。不過隔年就進步到接近五成，到了真正完整帶兵的第二年（二〇〇三）上半季，陳威成就讓球隊痛飲冠軍香檳，距離前次季冠軍已經走過了一千天。這是很不容易的一件事。關於領導統御我很想知道陳威成做了哪些？

陳威成 2003 年帶領興農牛隊奪下上半季季冠軍。（中華職業棒球大聯盟提供）

他首先是感謝、感謝楊天發總裁，雖然他老人家早已不在了，但陳威成還是感謝老闆能讓他有機會到多明尼加棒球學校學了不少。

接著他好好的說了這一段：

「你問我怎麼帶球隊？我先讓大家確立一個要拿冠軍的目標，以前跟著李來發教練被他操得要死，光是熱身可能就要一個半小時，雖然操可是他會讓選手看到希望，大家一起朝這個目標努力，所以我當總教練也期望這樣，大家都是一體的，朝同一方向去努力。我很重視態度，那是一切。

「另外我很授權教練團，過去我看寺岡孝，他真的是位喜怒哀樂都不會表現在臉上的人，很沉穩，而且可以接受球員犯錯，當然同樣的錯不能再犯。所以我盡量不要有太多情緒，讓下面教練能專心帶選手，如果真帶不動我再來處理。球隊凝聚力好的話，戰力就不會太差。」

這是陳威成的答案，但是對和他一起經歷過那些歲月的我而言，其實知道能有好成績是多麼難。難在他不像其他總教練單純地帶兵打仗，陳威成要做的「行政」工作也不少，例如和選手談薪水。之前就有聽說這件事，陳威成也證實確有其事。不知道，不，應該是很肯定的，陳威成肯定是全世界唯一一位當總教練又要負責和底下選手談薪水的人。

總教練的課題

身為一位採訪報導者，或是一位故事轉述者，不該有太多個人的憑空猜測，但還是免不了想像一位總教練面對球員談起最重要的薪水，而且是舉世無雙的一年要談四次，究竟是什麼樣的畫面？

陳威成：「你最近成績不好，要扣薪水！」

選手某：「你都不讓我上場，我怎麼表現好？」

陳威成：「你比不上別人，怎麼上場？！」
選手某：「是你不給我機會啊！」
教練、選手就這麼鬼打牆似地繞圈圈，當然，這只是我的想像而已，請別當真。但實際不難理解面對這一切的陳威成有多煩？
讓我們來思考一下優秀總教練該具備什麼樣的特質？
專業素養？這個要打勾。
帶兵能力？這個要打勾。
營造團結氣氛？這個要打勾。
然後媒體公關？可能需要打勾。
至於要決定選手薪水？完全不知道如何歸類及是否需要勾選。《有錢人想的和你不一樣》是本書名，現實世界亦是如此，或者進一步來說，球團經營者也想的和你不一樣。所以帶兵的陳威成要在前面衝，回頭又要參與許多行政工作，三不五時球團給的支援相較於其他隊伍又明顯不足，長期累積下來的壓力，是不是就是陳威成一衝而出，揮出那驚動台灣的一拳，這也就是我想知道的，大家當總教練都想帶球隊拿冠軍，都有壓力，為什麼唯獨陳威成衝了出去，還加上後續動作？
「完全沒有關係，我就只是認為裁判誤判，該為球隊爭取的我就會去爭取。」這是陳威成的答案，雖然和我的看法不同、動機再正確，但揮拳後就很難合理化。

我還是尊重他的說法，陳威成揮那拳聯盟只能做出禁賽處分，真正能開除他的也只有老闆，隔年的二〇〇四年在下半季爭冠時刻，帶領牛隊的陳威成竟無預警地被迫交出兵符，和他一起打包回家的還有投手教練廖俊銘（編按：後改名為廖剛池），陳威成在球季中接總教練，也在另一個球季中離開，顯然無法躲開這球隊總教練的宿命。

「那你會幫自己打幾分，這不到三年的總教練工作？」

「九十分吧！」

分數比我預期要高，不過我比較好奇的是：「少了那十分是？」

「在我總教練任內我全力以赴，無時無刻都在想如何讓球隊拿冠軍，所以我給自己九十分，不足的十分，應該是沒有總冠軍吧！哈！」

陳威成很開朗的回答。不後悔曾做過的事，也對做過的事無愧於心，這或許是他堅強的另一因素，在我傳簡訊，他回我那句「沒問題，我很堅強的！」之後，多年下來，他在業餘棒球界也有了屬於自己的一片天，被迫離開職棒的他，的確很堅強地走得很好，即便後來家中遭逢變故，我相信陳威成也會堅強面對。

「沒問題，我很堅強的！」我們都該相信。

Chapter 5

呂文生

這個男人教會我們的事

「一場比賽下來失誤最多的就是總教練。」

～呂文生

房間裡的大象

二〇一七年我決定把經營十年的TSNA交棒給卓君澤，在公司業務交接之餘，她也向我請教如何帶領一支團隊，所謂的管理哲學，我只問了她一個問題：「你想當徐生明或呂文生？」對我而言，這兩位都是中職成功的總教練，都曾創下三連霸的輝煌戰績，但兩人的個性、帶兵風格及領導統御卻天差地遠，一個強勢、一個溫和，天秤兩端的人卻有同樣的結果，如果是你，會選哪一個？

來談呂文生！

可是我有兩點並不太適合談呂文生，其一是打從呂文生業餘時代開始，我就是坐在看台上的呂粉；其二是在這總教練系列文中，我最不喜提的就是以成敗論英雄角度看待每一位總教練，偏偏呂文生成功得很，五年內他帶領統一獅拿下四座總冠軍，如果不是那完全不該發生進而成立的司法案，是的，那案件從我角度來看是如此，我也在〈誰殺了呂文生？〉（編按：見好讀出版《野球．人生：別無所「球」的追夢人》）那篇文章寫了很多，就不再贅述，重點是，如果他沒有被迫離開那個位置，呂文生會讓獅隊隊史留下多少座冠軍獎盃？

如果我不適合談呂文生，誰適合？

張志強：「呂總很重視二線選手，讓球員感覺被重視，當二線球員有奮戰鬥志，也會刺激場上先發球員，他總是把壓力攬在自己身上，打不好是教練承擔，有好表現都是球員的。」

高國慶：「呂總把選手優點用在對的時機，球場以外是給選手方便但絕不能隨便。始終是站在選手這邊，替選手著想，相信選手會自我要求，他是我未來要學習的對象。」

劉芙豪：「我們的統一王朝，我的生涯拿下五座總冠軍，我認為（在我心中）最棒這個地位、永遠沒有人可以取代，呂文生呂總，你是我見過最懂得做人處事、和諧、用心、盡心盡力付出的一位教練，由於你給我們的空間，讓我以及我的隊友們，可以盡情的發揮我們的潛力，所以我們締造了統一的王朝、榮耀，呂總，我們想念你。」

最後一段劉芙豪所言不是我問來的，是他在引退典禮上所說的，二〇一八年九月二十二日劉芙豪在對中信兄弟的比賽正式褪下選手服，在那個時空下，因為那件烏龍的司法案，呂文生三個字快成了「房間裡的大象」，但劉卻甘冒大不諱，公開說出他對呂總的感謝，那是真性情的流露，也完全表達出他的感謝之意。

三位選手約略描繪出呂文生能帶隊拿冠軍的輪廓，但如果我們進而分析他成功的因素，能在中斷數年後把這支有歷史的職棒隊伍重新帶向第一，並建立「統一獅王朝」，靠的是什麼？他憑的又是什麼？我們究竟可以從這個男人身上學到什麼樣的管理、帶人的哲學？

嚴以律己、寬以待人

二〇一九年十一月我從金門經由小三通到廈門再轉車去大嶝島看呂文生，他正在當地的中學任教，旅途有點辛苦，但看到老朋友很值得。越過一條海峽，呂文生身分就從呂總變成呂老師，但他態度依然，教球還是一絲不苟，好像這些對岸才剛學會打棒球的孩子，身上都穿獅隊球服似的。

晚餐和其他教練一起到當地的餐廳用餐，席間，某位教練和我說了呂文生撿菸蒂的小故事。他說呂文生練球之餘，都在校園撿菸頭，這些垃圾自然不是小朋友留下的，有天他還對著把手上菸頭往地下丟的教職員說：「我們當老師的，要做學生的榜樣，在學校抽菸不好看。」然後就把菸頭撿起來。我以為教練把故事說完了，沒有，他接著說，就因為呂文生常做這種事，後來大家就自帶個小容器，萬一忍不住想抽菸，至少不會再製造垃圾了。

聽到這些，台灣媒體同業或資深一點的獅迷應該是再熟悉不過了，這不就是以前呂總常幹的事？忘了哪一年，葉君璋辦了個投打訓練營，找了不少旅美好手助陣，希望對國內青棒選手技術有所幫助，結果呂文生也到了，連兩天的課都沒有缺席，然後連兩天訓練營結束都做同一件事，拿起工具整理投手丘。這就是呂文生特別之處，能放下總教練之尊去做，搞到最後大家都不好意思再犯錯，即便是不經意的小錯。

這算是一種「以身作則」嗎？好像也不太適用這四個字。但當我問他如何形容自己為人

2007 年 10 月 28 日，呂文生帶領統一獅隊奪下睽違七年的總冠軍，賽後難掩感動心情。（中央社提供）

處世的態度時，呂總用了「嚴以律己、寬以待人」來自述，老實說認識呂總三十餘年，他突然烙這句還真把我嚇了一大跳，我們講話向來是直白得很，沒想到中國待了幾年，給我文青起來了。

但呂總人是沒有變的，所謂「寬以待人」用在他帶隊、他的管理學上，那就是完全信任的態度，這也是呂文生最成功之處。

呂文生的「信任野球」有幾件事很值得一說。

首先他說的第一點就嚇人一跳，呂文生帶隊五年，如果乘一乘就是快兩千個日子，他說從沒有去牛棚看投手練球過，不管季前的春訓、季中的比賽都沒有，一天也沒有。這很驚人，畢竟投手是如此重要，而呂文生卻沒有管過投手。「輸贏靠投手我知道，但投手是很專業的，我又不懂，所以要相信投手教練這些專業人員，場上更動及調度我就不過問。」呂文生只輕描淡寫地這麼說。即便偶爾心中有點小疑問，他也百分百相信投手教練，二〇〇七年總冠軍戰前，在決定登錄名單時，投手教練捨棄日籍投手改登張志強，呂文生當時心裡納悶著，以張志強不快的速度OK嗎？但他沒有將疑問化為行動，阻止投教的判斷，最後是七場大戰下來，張志強在牛棚的表現硬是成為統一獅取勝的關鍵。

更特別的是，說投手很專業呂文生不懂所以不管，但本身專業的部分，呂文生也完全信任自己的教練，例如三壘指導區，獅隊三壘指導區是羅國璋教練在站，五年來呂文生也沒有跟他表示過哪一場比賽，他應該要讓跑者繞壘或該踩剎車，有哪一個判斷是有問題的，同樣也是一天都沒有。就在誠泰站過三壘指導區不少年的呂文生而言，能忍住不說話是不容易的，畢竟五年來羅國璋不可能不犯錯。但呂文生的理由是：「那個位置不好站，要做下瞬間的判斷，羅國璋是有責任感的人，要相信他的決定，支持他。」

不去牛棚、不指責三壘教練，五年下來，呂文生還有什麼事未曾做過？他說：「我沒有在選手上場守備或打擊到一半時，把球員換下來，一次都沒有！」這個答案我不是嚇到是驚呆，不干涉投手及指導區我理解，他一直這麼信任他底下的教練團，但呂文生以同樣標準去看待他的選手，五年總教練生涯光是例行賽就近六百場，每一場攻守各九個半局，換算下來就六百乘以十八，得到的是超過一萬次的半局攻或守，這麼多局數當中做到「用人不疑」，不曾在球賽進行中，把選手從防守位置叫下來，或打到一半才換人的，呂文生一次都沒做，這是多驚人的數字啊！

入選日本職棒名人堂的鶴岡一人帶兵向來以有人情味著稱，即便是他這樣的名監督，一九五四年八月十六日在西鐵和南海之戰，他用白崎泰夫這位投手去接替臨時受傷的先發投手，沒想到白崎上場後才第一球，就丟到本壘後方的擋球網上，鶴岡一人立馬決定換投手，由宅和本司（三商虎前總教練）接替。這故事就說明了，要忍住在守或攻時不更換球員，百分百相信他們，是多麼不容易的一件事，即使名人堂監督都做不到。

準備好機會給別人

走文至此，你一定有個疑問，如果你不說我也幫你問：「呂文生相信教練、信任選手，這個不管那個不問，那就隨便找個球迷來當，或休息區放顆西瓜不就好了？」這就是他的另一個優點，帶領團隊要有一定的專業素養才行。

先講一個，二〇〇七年總冠賽第五戰在統一獅台南主場舉行，呂文生派出了個在一軍出賽不多，甚至被帶進總冠軍戰都令人意外的選手楊博超代打，結果楊博超竟擊出他在一軍的首支全壘打，更是季後賽、總冠軍賽史上第一支代打全壘打，這看似奇蹟般的調度，背後是呂文生了解楊博超擅長打快速球，而對方投手正是以速球為主的型態。了解選手會打快速球，也了解選手可能觸擊不太行。二〇〇八年亞洲職棒大賽，韓國飛龍對統一獅之戰，八局下半統一以六比四領先，無人出局一、二壘有跑者，打者輪到劉芙豪，這種一戰定生死，可以追加保險分的機會，全世界有九成九的教練會讓劉芙豪觸擊推進，但呂文生不是多數教練，他放給劉芙豪揮擊，結果一棒揮出左外野三分全壘打，劉芙豪在繞壘時，鏡頭帶到呂文生，他沒有太多激動表情，只是輕鬆地嚼著口香糖，好似一切都在他掌握中，因為他清楚與其讓一整年都沒在點的劉芙豪助攻，不如放給他打，結果是三分砲，也剛好這麼巧，前一年楊博超代打同樣是三分全壘打。

有趣的是，在一場獅隊活動中，有機會問到劉芙豪當年的狀況，劉芙豪回憶當時，也以為會讓他觸擊，沒想到收到三壘指導區的暗號指示竟是放給他打，劉芙豪就篤定的上打擊區專心揮擊，當全壘打擊出，繞過三壘壘包時，他望向休息區的呂總，心裡跟總教練說：「謝謝，我辦到了！」

關於棒球專業素養，呂文生小學四年級開始學打棒球，青棒是國家代表隊一員，一九八四年奧運代表隊陣中有他，台電棒球、統一獅內野主力，光靠這樣的資歷，不論是說棒球技術或理論應該都夠了，但只有呂文生知道自己不足，除了葉君璋之外，我還沒看過這麼愛研究棒球的，台灣是哪一年開始有大聯盟轉播，呂文生就是從那時起一直看到現

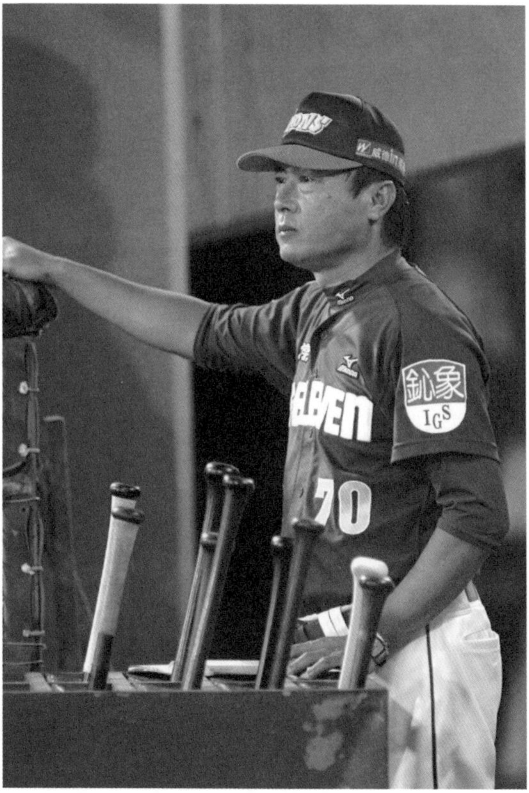

五年內四度帶領球隊拿下總冠軍的呂文生。（中華職業棒球大聯盟提供）

在，愛看也總愛想什麼樣狀況下，老美做決定的道理何在？有一年春訓比賽，呂文生和我還花了點時間在討論天使隊總教練麥克·梭夏（Michael Scioscia）帶隊防守時，球與球之間發暗號的做法。

不少人會以國情不同、條件不同，去辯駁大聯盟那一套不適合台灣，但呂文生不這麼認為，或許技術跟不上，但比賽就是人在打的，長期看MLB，他體會出一件事，成功的球隊及總教練要件之一，就是把對的人放在對的地方，什麼是「對的地方」？就是對進行中的比賽要有很清楚的解讀，什麼是「對的人」？就是要很了解底下選手的優缺點。「機會是給準備好的人」這句話很棒，但對帶兵的呂文生而言，他是「準備好機會給別人」。

信任野球、專業能力、把對的人用在對的位置上。已經說了三個呂文生帶兵的優點。還有？

從我的角度來看，他最成功之處，放在別的職場及領域也能複製成功的就是他的人和人與人的相處，能站在對方的角度看，以及別忘了感謝身邊所有一起努力的人，包括打掃球場的員工。現任統一獅教頭林岳平，選手時代是呂一手帶起來的，接了總教練之後，呂文生最常提點他的不是領兵作戰，而是別忘記感謝那些為他服務的人。至於站在對方的角度想，有個例子是這樣的：一般而言，隊中防護員和球隊教練總是對立的，防護員想保護選手，如果有傷最好不要上場，但教練要成績，「一點小傷」應該還可以用吧？所以難免會有衝突，但呂文生的做法不同，他沒有讓衝突發生，防護員向他報告某某人有傷不能上時，呂文生會回他「喔！讓他休息，別人就有機會表現了。」既尊重專業又提供二線選手上場的機會。

要做到人和其實不是那麼容易，每個人出身背景不同、個性不同，很難面面俱到。可以主動做的是「隱惡揚善」及「責任承擔」。呂文生說他和球隊開會有個差不多的模式，先對著大家說他自己處理不好的地方，呂文生曾和我說過一句話，是我至今沒有在其他總教練身上聽過的，他說：「一場比賽下來失誤最多的就是總教練。」他進一步解釋，九局的攻守總教練要瞬間決定非常多的事情，不可能每一件都做出最正確的判斷，選手失誤是看得到的，總教練犯的錯卻是隱形而外界觀察不出來的，所以呂文生開會時會先主動說他犯下的錯誤，即使公開對媒體也是如此，我想這很不容易，人生在世最難的恐怕就是認錯。更不容易的是，如果你稱讚他把球隊帶得好，呂文生就把功勞往外推，不是說領隊找了非常好的洋將，不然就是選手本來條件就好，聽到他這麼說也難免感慨，如果底下是好兵好將就能拿冠軍，那麼古今中外那些把滿手好牌打到輸輸去的，究竟是怎麼回事？

先說自己不好、再公開稱讚球員是呂文生一貫作風，但不代表他就是「好好先生」，呂文生也有強硬的一面。在他任內統一獅有個選手嗜好杯中物，正確來說是「嗜」這個字的N次方。呂文生對我形容他愛喝的程度，讓我想到古文上的一段話「有以酒請者，無貴賤皆往，往必醉，醉則不擇地斯寢矣，醒則復起飲也。」意思大概是說有人請喝酒就去，喝了就醉，醉了倒頭就睡，睡醒了又要找酒喝。身為管理者遇到這樣的員工，最直接及有效的方式就是解約，讓他回家吃自己。但呂文生想救這位選手，陪他一起住、打電話給他家人，還曾把他拉到休息區後方痛罵一頓，按呂文生的回憶是從三字經罵到六字經，我認識這個人超過三十年未曾見他爆粗口過，很難想像這樣的人會訐譙別人，但呂文生確實做了，而且最終達到他想要的目的，救起了一個球員，還成為球隊中的重要戰力，並在總冠軍戰做出貢獻。

「從運動學管理」這類書籍在出版業不是太稀奇的事，甚至有從教練退下來後成為大企業老闆重要顧問的書，例如那本書名超長的《教練：價值兆元的管理課，賈伯斯、佩吉、皮查不公開教練的高績效團隊心法》裡頭提到一位大學美式足球教練比爾・坎貝爾（Bill

Campbell）從球場退下來之後，如何應用他帶領團隊的五大要素去指導 Apple 創辦人賈伯斯及 google 的佩吉等人的故事。這些書籍我看了不少，直到寫這篇文章之前，都沒有意識到我身邊就有位足以成為從運動學帶人、學管理的典範。由於我已經承認自己是呂文生的球迷，如果你覺得這是一篇過於吹捧他的文章，我也無法多說什麼，能講的就是五年四冠的總教練自有其道理，希望更客觀地點出為什麼他能成功的因素，我們究竟能從這男人身上學到什麼？這包括「完全信任」、「專業能力」、「知人善任」還有「責任承擔」等。

至於三年多前，卓君澤最終從徐生明及呂文生兩者中選了哪一個當範本，這個答案只有兩個人知道，她和我！

Chapter 6

郭泰源

神與人之間的距離

不是冠軍的球隊拿不到高薪。

～郭泰源

日職的「最佳洋助人」

在我構思總教練這一系列文章時，先列了些名單，但從沒想過郭泰源，直到二〇二〇年底參加一場公益活動時遇到郭泰源，才驚覺到名單上沒有他，怎麼會漏掉？郭泰源明明當過總教練啊！還是、還是，因為他是一九八三年亞洲盃連投日韓十七局將中華隊送進奧運的投手，是日職有「最佳洋助人」稱號的名將，所以我們這一代球迷，一直以來就將郭泰源視為「神」一樣的存在，神怎麼可能落入人間成為凡人，變成總教練呢？

第一次當面看到「神」是在一九九三年日本總冠軍戰，那時服務的《職業棒球》雜誌派我前往日本採訪，當年太平洋聯盟冠軍是西武獅隊，那是西武王朝的全盛時期，至今仍有不少日職老球迷能講出西武主力選手的名單。那年西武的對手，是擁有名捕古田敦也在陣中的養樂多隊，完全是一場未演先轟動的比賽。

那場比賽郭泰源先發，原本應該只是場邊採訪記者的我，拜陳潤波老師之賜（郭泰源到日本發展，在眾多競爭者中最後會選擇西武隊，陳潤波是關鍵人物之一），竟能在賽前由陳老師帶著我到休息室後方去找郭泰源，離正式比賽還有點時間，郭泰源躺在按摩床上放鬆，看到我們一行人，在床上的郭泰源先是側身用下巴點了一下，然後再出聲打招呼，很酷、很郭泰源式的問候，接下來他就用台語提醒我們按摩師來自上海，盡量用台語講，不然對方都聽得懂。

這就是和「神」的第一類接觸。

然後我們有了第二次、第三次……很多次接觸，相處最多的時間是我們合寫了一本名為《瞄準本壘》的投球技術書，不論多少次接觸，我都不認為有天他會在台灣當上總教練，因為人總是會選擇「愛惜羽毛」，珍惜得來不易的名聲。依郭泰源過去這麼多豐功偉績，「有名」自不在話下，「有利」？依他在日職十三年服役期間，該賺到的錢也不少，所以名利都有了，很難相信他會跳入火坑，在總教練耗損率這麼高的台灣，選擇再穿上球衣？但結果是，郭泰源不但接了總教練，還在中職帶過兩支不同隊伍，也不止一次地帶國家隊出征過。

為何會走下神壇是我很好奇的。

答案和我預期的有一點不同，要郭泰源一口氣講很多話有點難，但對接手總教練一職的想法，他說了不少。郭泰源說：「身為一位職業選手，總是想，有天是不是有機會擔任總教練。在日本職棒期間，我多少有耳聞，總教練一職其實是夾在球團和選手之間的位置，但這也只是聽說的而已，還是得親身經歷才能清楚。總教練不單純是技術工作，也是管理職位，要帶領球員朝向目標前進，我可能會很理想化，有自己當總教練的想法，究竟是不是這樣？

郭泰源曾於2005年率領誠泰COBRAS隊闖入總冠軍戰。（中華職業棒球大聯盟提供）

總是要去接了才知道，所以就跳下去接了。」

這個答案和我預想的有點出入，原以為他會給我一個什麼「人情壓力」之類的回答，畢竟當年誠泰COBRAS，行政單位中有不少他的好友像趙士強等人，但沒有，郭泰源就給了很直爽的解答，只是想試試看而已。

郭泰源在誠泰帶了兩年，這兩年曾把球隊帶進總冠軍戰。那有「試」出了什麼嗎？

郭泰源的棒球心法

先跳開話題，聊一下郭泰源的投球哲學，我和他一起出書那段時間，曾寫下滿滿的筆記，歸納出幾個重點：

一、投捕充分的默契配合：投手投得好不好，你面前十六呎外的那個隊友是最大關鍵。

二、良好的投球EQ：不要太在意隊友的得分，但也不要太在意自己的失分。

三、全力投出第一球：身為一位投手千萬不要有怕的感覺，要全力投出第一球。

四、全心封鎖第一打席：首棒出局、沒有人上壘，就不可能有接著下來的戰術。

五、好的投球節奏：投手在球與球之間的節奏，都要考慮到身後的隊友守備。

六、攻擊是最佳防禦：如果因為不敢投近身球，而被打安打、失分了，那麼你又對得起誰。

七、投主審所好：投手和裁判賭氣是沒有用的，右手是他在舉而不是你。

八、失敗是再進步的原動力：投手被對手痛宰時不要灰心、不要怕，當作打者是你的老師，這是你要付的學費。

這八點算是郭泰源的投球心法，一位在日本職棒拿下一百一十七勝投手的生存之道。那麼，身為總教練，郭泰源自覺他的「心法」是？

在投手丘上的郭泰源是強勢的，他有很好的球速，很勇於和打者對決，甚至不在乎近身球丟到打者。而轉換身分的他卻是截然不同，郭泰源是完全授權型的總教練，既然手下有教練團，就全權交由教練團去處理，不用太直接去面對選手。太強勢不是他的作風，這一點或許和他在西武時期，總教練（監督）是森祇晶有關。

我問：「你在日本十三年有九年時間是在森祇晶底下擔任投手，你觀察他是什麼樣的總教練？」郭泰源給了一個很奇怪的答案：「我很少跟他接觸。」郭泰源進一步解釋日職分工很細，其實他最常相處的是投手教練，要練什麼？準備什麼？都是直接對投手教練，監督反而和選手隔了一層。

我進一步問了有點不太禮貌的問題，我說：「以你們當年如此強的陣容，是不是誰來帶，成績都不會太差？」郭泰源先是頓了一下，也許從沒有人問過他這問題。兩秒後他回說：「好像是這樣沒錯，但也有球隊明明是強的，但最後成績很差，這種例子也不少，我也不知道別人來帶西武是不是就不一樣或相同，但森祇晶是很會帶心的監督，全隊凝聚力很強，大家一起為了同一件事打拚，這一點他做得很好。」

這也許就是答案，雖然對談的過程，郭泰源沒有講過一句「師法森祇晶」的話，但潛移默化應該是有幾分的，「授權教練」一如他在西武只針對投手教練、「把全隊團結起來」，變成總教練的郭泰源也渴望做到這一點。

但「帶心」、「凝聚力」這加起來只有五個字的話其實無比籠統，真要做到並不容易。反而在台灣，如何加強球員的「職業」意識，從最實際面去切入，結果還可能會好一些，所以郭泰源對選手講話就很直白。他會說：「錢是你們在領，不是我，打好打壞你自己要負責。」也會講：「不是冠軍的球隊拿不到高薪。」下一句更現實而殘酷，他對著底下的選手說：「是你要沒飯吃，還是對手？」郭泰源這些話，讓我想到日本棒球作家近藤唯之的那句：「職業棒球沒有友誼，它不是團體的運動，而是有妻室老小的人在打的棒球。」一位是日職打拚過的強投，一位是場邊採訪的媒體工作者，對高度競爭的職業運動顯然都有相同的體認。

擔任達拉斯牛仔隊二十九年總教練一職的湯姆．蘭德里（Tom Landry）曾說：「教練就是那個講出你不想聽的話，讓你看見不想看見的事，好讓你成為你一直知道自己做得到的人。」郭泰源也是如此，他要說出很不中聽的話，然後要做出選手不想見到的決定。

這個決定是某場比賽，COBRAS的先發投手在投了四又三分之二局，僅差一個出局數就可拿下勝投時，郭泰源卻將他換下來，這種已到嘴邊的肉硬生生被夾走的痛，郭泰源不是沒有嚐過。過去他跟我說，有一次隊友在前兩局就為他打下十幾分，一看就是穩拿勝投的比賽，結果他太大意、太輕敵了，沒想到自己一分接一分地丟，最後在投了四又三分之二局，只剩一個出局數就可以拿下勝投時，教練卻將他換了下來。講述這一段過程，我以為郭泰源會有滿腹牢騷，畢竟只差一個人次就可以添一筆勝投，但他沒有，反而怪自己投得太差了。

會像郭泰源當年自我檢討的選手並不多，畢竟那一勝就擺在眼前，肯定會對總教練的調度心生不滿，這樣的做法是不是和「帶心」互相違背，會造成球員和教練未來互動的嫌隙？

郭泰源在做換投決定時應該也了解這樣的情況，但他還是這麼做了，郭泰源給我的理由是：「野手好不容易打那麼多分，你卻一直守不住，我不是怪他丟分數，投手丟分難免，而是丟分後那種無所謂的態度是很要不得的。」這是郭泰源的理由，但我聽完卻覺得像是犯罪心理學的「破窗效應」，如果今天一位選手態度有問題，郭泰源不處理的話，那麼接下來大家有樣學樣，球隊就成為一盤散沙，表面看來是失了一位球員的心，但要的是其他二十四人的凝聚力。

這或許就是總教練最難為之處，不可能面面俱到，什麼選手、什麼狀況都會有，能做的就是，郭泰源說了句很有趣的台語「一團挲作一丸」，意思是說，想辦法把不成形的麵糰揉成有模有樣的圓狀。

那麼在有限的中職執教生涯，郭泰源做到了他的「挲作一丸」了嗎？最直接的印證自然是帶兵的成績，這一點似乎不是那麼ＯＫ，郭泰源無法做到像森祇晶那般，當選手時是巨人Ｖ9時代的主力捕手，改當監督後，九年有八次拿下太平洋聯盟冠軍。郭泰源沒有，能說嘴的只有將COBRAS帶進總冠軍戰，也只有一次。

怕輸就不會贏

郭泰源似乎不是一個很在意成績的人。

在和他一起寫書的那段時間，某天我問起郭泰源：「你在日本職棒總共拿了幾勝？」結果他的回答嚇了我一大跳：「我怎麼知道自己投了幾勝？」聽到郭泰源這句話，不知你會不會和我一樣驚訝，而且是驚訝得說不出話來，我一直以為一位職業級投手，知道自己到底投了幾勝、幾敗、防禦率多少，就像我們一般人知道自己什麼歲數一樣，你該清楚自己活了多久吧？可是郭泰源不知道，當我將手中的資料清楚地告訴他，成績是「登板兩百七十二場，一百一十七勝六十八敗十八次救援、防禦率三點一六」之後，他也只是淡淡說了句：「喔！是嗎？」這簡單的幾個字，也許吧！這也許就是郭泰源能在日本揚名立萬的另一股神秘力量。

郭泰源激勵選手的話既直白又殘酷：「是你要沒飯吃，還是對手？」（中華職業棒球大聯盟提供）

和郭泰源對談許多次之後，私下我常在想，郭泰源在投手丘上能投得好，輕易地用手中的球讓打者出局，除了他超快的速球、詭異的變化球之外，他給我最強烈的感覺是，在投手丘上的自信心、心臟強度，還有過人的ＥＱ，那種他不只一次強調「怕輸就不會贏」的信念，反而讓他更放膽去投，一個老是記得自己投幾勝、老是擔心自己會敗投的人，在郭泰源眼中是成不了大投手的，所以他不知道自己投了幾勝，看起來是有點合理了。

但，如果是以這樣的心態去帶球隊，那麼……

那麼事情就大條了，事實上，應該很可怕吧？至少給錢的球團、買票的球迷會訐譙吧！「你不在乎，我們在乎啊！」「不在乎贏球，那請你來做什麼？」這種聲音肯定會出現，而且很大聲。事實上，郭泰源對勝利沒有像外表表現得那麼酷，其實他很在意的，當問到他對秋山幸二，這位他西武的戰友，後來成為他軟銀隊頂頭上司的監督印象時，郭泰源用了「很討厭輸球、很想每一場都贏，這種強烈意志也讓選手感染到了」的回答。在秋山監督下擔任投手教練的郭泰源也希望球隊贏球，即便回到台灣都是如此，如果不是這樣，二〇〇五年四月一日那天他就不會對著主審狂罵「五字經」然後被趕出場了。

一位在日職十三年拿了一百一十七勝的大投手，回到家鄉帶了三年球隊，勝率僅有四成七六，這差距在哪？是郭泰源本人無法做到他所謂的「帶心」、「球隊凝聚力」，還是選手及教練工作的本質就不同？身為投手的郭泰源可以決定球往哪裡去，做到他投球哲學的每一步驟，但總教練帶兵的變數就多了，這多少可以解釋，為什麼當了九年西武監督有八年拿下太平洋聯盟冠軍的森祇晶，改帶橫濱隊後，別說聯盟冠軍了，僅帶了二年，其中一年勝率還不到四成，「贏球名監督、輸球被開除」，森祇晶成為最佳註解。

輸贏之間很多地方無法掌控，成為國家代表隊的總教練亦是如此，兩個小時的訪談，郭泰源用了不少時間去回溯他帶國家隊時，還沒出發打仗，台灣內部就鬥成一團，還有職業球團不派兵的過往，我主觀的認為聽得出他言談之間有埋怨，一度還想對他說：「郭總，你咖啡好像都沒喝。」試圖緩一下氣氛。我們這些從八〇年代走過來的棒球迷，很能理解，談到為國家隊打拚，沒有人比郭泰源更有資格說話，那場十七局中間只休三十分鐘，燃燒手臂的奧運代表權之戰，沒有人比他更希望台灣能贏的了，郭泰源和我之間的問答是：

「都不會累嗎？」

「不會，只是一心想，我絕對不能失分、絕對不能失分。」

「早就有職業球隊在看你，不擔心受傷嗎？」

「沒有，上去就一直投，投到教練要我下來為止。」

如果時空真能穿越，那時就是了，我彷彿見到一九八三年屹立在韓國蠶室棒球場上，那如此瘦弱卻又無比巨大的身影，還有堅毅的眼神。時空穿越只存在戲劇中，要如今的選手還像他當年那麼不顧一切的拚，郭泰源知道是很不切實際的幻想，他一直認為台灣的實力不會差人太多，卻在還沒上機前就自傷大半，這實在讓人很難接受，然而再無法接受都已成事實了，也許未來是可以期待的。最後，照例問了我在本系列都會問所有受訪者的一個問題：如果讓你再接總教練，你會做什麼改變？

結果郭泰源是唯一一個這樣回答的人：「為什麼要改變？要忠於自己，要對自己負責，你完全不知道未來你會帶什麼樣隊伍、什麼選手，為什麼要先改變自己？」

「神」的答案果然不同，即便在我面前這位，是不戴眼鏡就得把菜單拿離超過五十公分，才能看得清楚的。

神、人之間，或許沒有距離。

Chapter 7
吳復連

「大乀」吳復連

只有不穿球服的人，才會說一直揮棒就好，
反正輸了也不用負責。

～吳復連

當總教練是一群人的事

一九五八年九月二十八日，日職西鐵和南海隊交手，這是兩隊當年最後一場對戰，地點在平和台球場，如果居首位的南海贏了這場比賽，就能拉大和位居第二名的西鐵之間勝差，接下來因兩隊再不會碰頭，南海要奪得聯盟冠軍的機率就大大增加，這是一場南海非贏不可的比賽。

賽前在休息區內，南海監督鶴岡一人拿著日本清酒面對著所有選手，接著逐一唱名，廣瀨叔功、長谷川繁雄一一上前，鶴岡為他們倒了酒，然後只說聲「拜託」就一飲而下。這如同神風特攻隊出發前的驚人一幕，被無意間經過的記者近藤唯之窺見，寫了下來。

每次重讀這段文字，我都起雞皮疙瘩，然後就想到一個名字——吳復連。

鶴岡一人外號叫「老大」，是帶兵極重人情味的監督。吳復連呢？

二〇〇七年我創立TSNA，每天忙得不可開交，也因為遠離中職轉播，所以很少到球場，但那天新莊有賽事，我心血來潮去看球，就在開賽前的打擊練習，見到久違的吳復連，吳教練向來是大嗓門，那天聲調更是驚人，大到旁人都回過頭來看，「文誠啊！」他吼道。接著下來那句，吳復連似乎是從他微凸的小肚硬發力而出的：「幹！你是三小，啊當老闆就這樣躲起來喔？」這就是吳復連，「氣口」很直率、很江湖味，但你會喜歡這個人。

吳復連是台南囝仔，府城少棒出身，他成名極早，八四年奧運之前，就是亞洲數一數二的游擊手。一九八三年我手中有本翻到快爛的《中華棒球》雜誌，上頭有一張吳復連在亞洲盃（亞錦賽）賽後，返台於機場被拍到的照片，圖片中的他，下巴不自覺抬得老高，帶著「亞洲盃最佳選手」這份榮耀回台，想低調都難。

那張照片之後的吳復連一直都是明星選手，不論在日本或返台加入中華職棒。這樣的底子，成為總教練只是早晚的事，事實上還來得很早，二〇〇一年，吳復連接下金剛隊總教練，那年他才三十九歲！

「好像有點突然要我接總教練，我簽的是選手約，但就這樣要我接了，其他三隊是徐生明、李居明還有一個日本仔，都很大的人物，來得很快，沒什麼心理準備，壓力好大，晚上都睡不著。」在我面前的吳復連已經是白髮滿佈，但眼神依然銳利，回憶起這段，先做這樣的開頭說明。

接著是這一段「這大概就是台灣吧！根本沒什麼太多培養，啊這樣叫你去當就當，好像很容易一樣，其實做選手是一個人的事、自己打好就好，當總教練是一群人的事，那很不一

吳復連（右）曾率領台中金剛隊拿下台灣大聯盟二連霸，照片為 2002 年宏碁認養金剛隊記者會。（中央社提供）

樣，要顧的事情實在是太多了。」如果你問任何一位從選手轉換成教練的人，得到的差不多都會是以上的答案。

雖然感觸大同小異，但吳復連有點不同的是，年輕的他接手後就拿下台灣大聯盟二連霸，是兩聯盟合併前，那魯灣最後的冠軍教頭，這成績如被承認，那他也是台灣職棒史的冠軍教頭。

知道吳復連手中那批幫他拿冠軍的選手，是如何稱呼他的嗎？「大ㄟ！」他們總是這麼叫，台版的鶴岡一人？

我的看法，只是個人看法，有機會成為優秀總教練的人只有兩種，其一是讓選手愛你、其二是讓選手怕你。前者代表是吳復連和呂文生，有趣的是兩人還曾是合作多年的二游搭檔。人總是不自覺活在美好的過往，如果要挑台灣史上最強的二游組合，我會選這兩個人，看他們守備配合有種令人賞心悅目的美感。吳呂最常說嘴的是在古巴人面前，一場演出三次雙殺。那是來自於高超技術外的默契。吳復連曾說有場比賽，打者擊出投手身旁的強勁球，眼看要穿越而出，吳復連側身向前眼看來不及，居然沒有用手套接，反而用腳把球踢向二壘壘包，此時呂文生也到位，單手接球再轉傳一壘，完成雙殺！

很神奇！至少我在MLB也沒看過，但業餘的「上古時代」他們卻辦到了，這來自於多年的合作，多年的默契。不過兩人個性我所接觸的感受卻是南轅北轍，呂文生也自覺如此，他打比方說自己和吳復連是「總司令和傳令兵」、「廖添丁和紅龜仔」的組合。但即使如此，兩人都深信，讓球隊有凝聚力，搞好休息區氣氛是重要的，雖然最後的結果你們都知道，吳呂二人生涯領軍的成績很不一樣。

這麼多年下來，我一直在想一個問題，一名總教練的帶兵風格，究竟是如何造成的？是本身個性，是守備位置出身的影響，或只是單純隊中戰力考量，抑或是不斷失敗、不斷調整，還是其他？這是我始終想去深究的，也是這系列採訪的重點之一。

若以吳復連論，很簡單就是個性使然，他個性極活潑，在場上很放得開，不會因為一兩次失敗而困擾。跳開一下話題，吳復連曾對兒子說：「如果你像我這麼放得開，你早就是一軍固定先發了。」這只是題外話，重點是從小很容易和別人打成一片，他喜歡團隊彼此像哥兒們般的存在，那感覺很好。還有，兄弟象三連霸的美好。

兄弟象與三連霸

吳復連從日本回台加入兄弟象，首年教練團中有日籍的森下正夫，誰都看得出來，雖然名義上總教練是曾紀恩，但真正執行作戰的是森下，待過日本的吳復連能夠和森下直接溝通，很快就成為森下擺在場中的一顆重要棋子、穩定內野的棋子，只要場上有狀況，吳復連總會召集大家，藉以平穩情緒，他樂於做這樣的工作，或許是個性，或許也是習慣當老大吧！總之，這是一股很重要的隱形戰力。聽過已故的陳潤波教練提過，當內野精神領袖不如大家想的那麼容易，有的選手看起來是領頭，但只要自己當天打不好，就沒有多餘的心思顧及別人。不過肯定的是，吳復連並不是陳教練口中那樣的選手，不管自己表現好不好都能為球隊挺身而出。

從一九九二到一九九四年兄弟象一贏再贏，儘管中職隊數不多，但能在三年內都拿下第一並不簡單。至今老象迷依然對當時陣容倒背如流，打線有能上壘、能跑的林易增，有助攻的吳復連，中間有葛雷諾、王光輝、李居明，後來又加了個路易士；投手有陳義信、巴比諾、陳憲章；日籍教練團也屬老謀深算型。一切看起來如此完美，拿冠軍誠屬自然。但吳復連不這麼認為，那三年兄弟象不是沒有受到挑戰，尤其是投手王國統一獅，但能過關最重要的就是球隊凝聚力，非常好的休息區氣氛，那使得他們即便比賽中處於落後也不心急，永遠相信有逆轉的可能。這種氣氛也從休息區帶進場內，形成絕佳的默契，吳復連回憶那時和捕手洪一中的配合，一個小眼神就知道對方下一步要做什麼。

那是一個能讓球隊成功的好模版，從選手吳復連變成總教練吳復連時，他也想遵循這一套，所以運用在金剛隊，選手管他叫「大ㄟ」，看起來是沒有問題。數年後回到原始母隊兄弟再掌兵符，吳復連還想複製貼上以前的成功經驗。譬如那個高中畢業就進來，年紀和自己差距一如父子的陳子豪，吳復連為了讓他能更放得開，大概能講的笑話或其他幹話都講了，對於一位幾乎是日系系統出身的教頭，要他放下身段去和選手「交流」，我認為並不容易，至於其他球員，有時他自己來，有時則讓丘昌榮等人扮演中間橋樑的角色，當做總教練和選手之間的潤滑劑。

這是吳復連身為球隊總教練做得很好的一點。但他不可能不懂，經營休息區氣氛外，實際作戰能讓球隊贏球才是根本，如果搞氣氛就能贏球，那找個脫口秀演員來不就好了？

二度與總冠軍擦身而過

談作戰，一開始吳復連的風格是保守的。他的成長背景、日式體系的養成會往這方向傾斜不意外。吳復連舉了個例子，當年有「魔術師」稱號的山根俊英總教練，曾傳授他有關「觸擊」戰術的邏輯，在這邏輯思考下，不只是表面看來的犧牲一位打者而已，那是要開啟拿下很多分的契機。吳復連相信這套理論，並且補充說：「送上二壘或三壘，對方投手就很難投，先得分總是有利的，對手的壓力就會大過我們。」這是他的想法，末了還加了句：「只有不穿球服的人，才會說一直揮棒就好，反正輸了也不用負責。」其實在聊天過程中，吳復連花了不少時間在論述他的「觸擊戰術」，那究竟是本身的信仰，還是被批判下的反駁，恐怕連他自己也分不太清楚；但確定的是，如果因為點太多被罵，那麼接替他的洋教頭，這位遠來的和尚也好不到哪裡去，期望帶來新觀點的老外，反而點得更多，點到令人頭皮發麻、嘆為觀止的地步。

2014–2015 年，吳復連率中信兄弟連續兩年闖入總冠軍賽。（中華職業棒球大聯盟提供）

吳復連有他自己的觸擊點球想法，但我們這一代的球迷或許都會記得那件事，一九八六年世界盃，中華隊總教練曾紀恩要求吳復連助攻觸擊，他卻不配合，改揮棒而擊出安打，這少見的「抗命」事件很有名，也引發後來曾吳二人不合的傳聞，進而在一九九〇年旅日選手選秀會上，吳復連被兄弟象指名，他老兄當場不爽走人，都被外界解讀是不想在教官手下打球，事實上這完全是一場誤會，吳復連的怒氣不是來自於和曾紀恩的過往，而是那場選秀會「假」的成份太高，四隊早就分配好各自選手，根本沒有所謂的「選秀」，再者大家都是日本回來，為什麼投手薪水拿得比野手高，也讓吳復連很有意見。不過要強調的是，做選手時不想一直觸擊，當總教練後卻變成這戰術的奉行者，頗符合他自己說的：「做選手是一個人的事、自己打好就好，當總教練是一群人的事，那很不一樣。」

但吳復連不是不會變，到了第二年帶兄弟，吳復連的作戰明顯有所不同，加了林智勝、鄭達鴻之後，滿滿一手好牌，能夠快速取分的陣容，也讓他更能放手給打者發揮的機會，儘管可能被譏笑是休息區的西瓜一顆，但擺在眼前的事實就是，上半季超過六成的勝率，遠遠拋開了與其他三隊的距離。

其實可以強烈感受第二年吳復連很有信心在義大手裡拿下總冠軍，但結果卻是「二連亞」，關於這兩次令象迷心痛的冠軍戰，幾年過去，吳復連認為，有什麼是他沒做好的嗎？

「第一年的總冠軍戰，打到第七場，安排的洋投竟然在前一天才說他不投了，大概是有國外球隊在找不想冒風險，我跟高層反應，但也不能改變什麼了，還沒打就好像輸了一半，這也是台灣職棒可憐的地方，輸贏都靠洋將，他不想投你就沒辦法了。義大那一次，要認真檢討，應該是投手安排吧！如果開始的氣勢倒向我們這一邊，連贏兩場時，不要考慮投手休息，是不是把第一戰勝投的（伍鐸）丟下去，或許局面就不一樣了。」

有點洩氣、有點無奈的回憶，這也是運動賽事最難之處，千金難買早知道，何況中信兄弟還提前花了不少銀兩找大砲助陣，結果是連續兩年都在總冠軍戰最終聽牌時慘遭逆轉，這是很痛、非常痛的事實。而對一直想讓球隊氣氛融洽的吳復連來說，贏了球，人們才會倒過來回推，相信休息區氣氛經營是有用的，但要命的是，殘酷結果血淋淋擺在那裡，一切彷彿成為致命傷。

莫以成敗論英雄？很難！

有沒有人好奇，那場一九五八年九月二十八日西鐵和南海隊交手的最後結果如何？

乾完杯後，鶴岡一人監督信心滿滿地帶著他的神風特攻隊準備迎接這場關鍵戰役，但僅僅數分鐘後，賽事就定調了，第一局下半，一人出局，一、二壘有跑者，西鐵隊四棒三壘手中西太在沒有好球三壞球後，面對一個正中偏低的快速球，一棒揮出左外野全壘打，中西太一輩子擊出兩百四十四支全壘打，這是其中的第一百八十九支，接著七局下半他又擊出第一百九十號，光靠一人之力就將鶴岡一人和選手互斟清酒誓死獲勝的決心擊碎。

而當年目睹那一幕賽前飲酒儀式的記者近藤唯之，在幾年後其著作中寫下：

「這場戰役後，鶴岡一人無論面對多重要的比賽，都不再碰酒杯了。」

Chapter 8

趙士強

西服和球服間擺盪的人生

打棒球還是讓我心裡最輕鬆最自在的一件事。

~趙士強

遺憾與現實

「沒有遺憾就不是真實人生！」

十年前的某天我記得很清楚，在辦公室聊到中華隊第四棒，然後我說出了個名字——「趙士強」，年輕同事一臉黑人問號的樣子嚇到我了，怎麼可能沒有聽過這個名字？雖然我想安慰自己，至少他們沒講：「演水果奶奶那個嗎？」但大家都是喜歡體育才進這公司的，怎會對此名陌生至此，太不可思議了。就像二十餘年後如果有人提及陳金鋒這三個字，卻有人不知道一樣，都很難想像吧？

拿陳金鋒比趙士強肯定有人不認同，但對我們那一代的球迷而言，趙士強就是中華隊四棒的代表，就是那個年代的「陳金鋒」啊！

如今我置身於趙士強不算小的辦公室內，眼裡看著他，心裡有不少畫面閃過，我總這麼想，如果當年的他，一路筆直地走在棒球這條路上，是不是會有更多球迷聽過這個名字、記得這個名字？李國修說：「人一輩子能做好一件事就功德圓滿了。」這句話我一直拿來當座右銘，但是不是有此可能，要從一而終做好一件事，並非你自己可以決定？例如趙士強的棒球人生。

《職業棒球》雜誌目前發行四百七十五期，是國內最長壽的運動刊物，遠在三十二年前創刊時，為了慎重起見，我們先後做了兩次試刊，其中一期的封面人物是四隊總教練，上頭分別是兄弟象的曾紀恩、三商虎的林信彰、統一獅的鄭昆吉，還有，味全龍的趙士強，是的，趙士強是味全龍的職棒創始總教練，如果不是那次意外的話。

會找趙士強擔任龍隊總教練是合理的，儘管他不到三十歲。但業餘時代他就有帶味全的經驗，且陣中選手年齡也和他相近，大家相處像哥們，「順理成章」四字用在趙士強放到味全龍隊總教練這個位置再貼切也不過了。因此從籌備期開始，趙士強就和其他三隊總教練一起，為了即將到來的職棒賽事備戰著，這包括四人一起到中日龍隊春訓基地沖繩受訓、一起參與破天荒的洋將選秀。回憶過往，趙士強的笑容像是回想起大學裡那些好玩的生活片段，他說在沖繩時，一開始他和教官曾紀恩住同一間房，曾教官是標準的軍人作息，每天早上四點就叫他起床，搞得他累死了。還有關起門來的洋將選秀，他不和其他三隊爭那些熱門人選，而是一口氣填了史東、賈西、馬斯和麥克四個名字，對比後來的發展，趙士強對自己選人的眼光與策略還是頗為自豪。

但看起來順順利利的一切，都被急性肝炎奪走了。

準備了許久，一九九〇年三月就要開打的職業棒球賽，趙士強卻於二月間因急性肝炎發

趙士強原本應會是味全龍隊的職棒創始總教練。（中華職業棒球大聯盟提供）

作缺席了，在沒有替初生兒打肝炎疫苗的年代，我認識不少棒球選手是有肝炎困擾的，其因不知是太勞累或也想在酒場上爭勝。但這些肝炎病患裡，趙士強應該是當中唯一、在委以大任前不到兩個月還被迫躺在醫院。

關於這一段我記得很清楚。那時味全真的叫做「群龍無首」，每天練球就由管理張適閔帶著球隊到處找場地練球，那時我到台北田徑場（還不是棒球場）看他們訓練，心裡想這是要怎麼跟人家比賽啊？最後總算在開打前解決了問題，找來老教練宋宦勳帶隊，後來實際操兵的則是下半季加入的徐生明，當時掛名投手教練的徐生明也因為帶著球隊拿下總冠軍，隔年成為名副其實的教頭。

對趙士強而言，就因為一場突來的病，讓他和總教練一職漸行漸遠。那時我們常有機會在場邊看味全龍比賽，雖然我不主跑龍隊新聞，但就是常有機會和他一起看比賽。有一次在高雄立德棒球場，球場兩邊各有個選手和工作人員的出入口，我們拿個小板凳坐在一壘側入口處，他眼睛一直盯著比賽進行，我有沒有讀出他臉上的落寞與不甘？沒有！年輕的我只知道，坐你旁邊的就是中華隊的偶像，這狀況已經很不真實了，又哪來的敏感度去觀察什麼？趙士強倒是和我分享他的棒球觀念、棒次安排、得分機率等，算是一種當不成總教練後的心理投射嗎？如今的我解讀，是吧！

這不是趙士強棒球人生的首次遺憾，一九八四年原本受到紅人隊青睞的趙士強，在那年奧運居然淒慘地在十六個打數只擠出一支安打，這位前一年才用再見全壘打將中華隊打進洛杉磯奧運的英雄，此時連狗熊都不如，旅美夢也因此破碎，趙士強曾透露，如果當年一切順利踏上旅美之路，他有自信至少可以打到3A，3A！往下不就是大聯盟了？那第一位上到棒球最高殿堂的台灣選手可能就不是陳金鋒，而是趙士強了？如果連我都這麼想，那麼身為當事人的趙士強，難道不會在午夜夢迴時也懷著這樣的心情？這是什麼樣的遺憾？

但有時遺憾還無所謂，怕的是你得面對其他現實，當不成味全龍總教練對趙士強而言最痛苦之處在於，由於角色的轉換，他從總教練變成副領隊，從勞方變成主談薪水的資方代表，原本該和他並肩作戰的夥伴，突成怒目以對的敵人。選手對他罵「資方代表」，不管是這個詞或這件事一直都讓趙士強介懷。即使是球迷，諒解他的人也顯然不多，當面對類似失控的「六一事件」時，沒人會在意什麼是「以大局為重」，在意的是「為什麼都不幫味全龍說話」。還有，他動用私交說服謝長亨回台加入味全龍，最後卻改披獅袍。勸說呂明賜返國，最後如願，卻付出了林易增等人的交易才取得，這些帳都一併算在他頭上。

夾在中間裡外不是人，或許是趙士強的心情寫照，但想穿球服的心願一直無法達成，反而身上那件西服始終脫不掉。一九九二年初俊國熊想進軍中華職棒，找了他，但還是行政職。如今台灣要找第六隊，求爺爺告奶奶無人聞問，很難想像九〇年初期大家擠破頭要進中職，那時俊國老闆陳一平雙管齊下，搞政治他讓陳重光、康寧祥替他打點，建軍部分挖來了趙士強，但不到一年，陳趙這對主雇顯然沒有預想般相處融洽，於是趙士強打包行李離開台中。

待業與轉機

有段時間趙士強會到我位於中正紀念堂附近的辦公室聊天，那時他常拿著一只黑色美津濃的包包來串門子，也沒什麼正經事，就五四三地亂扯一通，結束前有時他會加一句：「想幫台灣棒球做點什麼。」那時我心裡的OS是：「你就先幫自己找個工作吧！」那段來公司坐的時間，一定都是他的待業期，離開俊國回味全，再從味全又離開，每隔一陣子他好像就會固定沒事可做。

這些進進出出屬於趙士強的職場故事，當中或許有我們不知道的隱情，或不僅是和徐生明的「瑜亮情結」那麼單純而已，如今的我在想，這是否也跟趙士強個人的特質有關？這麼三十年過去了，在我眼前而過的選手、教練不知凡幾，深覺自己就像NETFLIX觀影者，這些在面前通過的跑馬燈影像，如同一部部獨立的棒球故事，有人一演好幾季、季季有高潮，有的人則只是瞬間短片。而趙士強這齣很特別，主角本身就特別。趙士強從小就高頭大馬，所以加入運動初期是籃球員，後來被找去打棒球，如果趙士強的出身背景去打籃球沒什麼，但打棒球就很有什麼了，趙士強是浙江浦江人，在六〇年代，外省人打棒球是多麼稀奇的一件事啊！要努力用顯微鏡才能找到一個，但趙士強就是少數中其中一位。所以從小到大，他跟同世代選手很不一樣的是，能用字正腔圓的國語面對採訪，凸顯這點現在聽起來很不可思議，但在六七〇年代的確如此，再加上永遠笑咪咪的面龐，讓他極有媒體緣，後來是中華隊的不動四番讓球迷也愛他，愛交朋友廣結善緣，所以五湖四海皆兄弟在他身上也不算假。

這樣很有別於一般，或者講白一點，只會打棒球的同世代人。趙士強很早就被認定不只會打球，穿上西裝辦行政業務應該也行，其實也沒有人給過太多職前訓練，肝炎病癒後就接下副領隊，還順利上手，至此被認定是球團管理人才之一，這聽起來似乎不錯。但長時間下來負面的評價、傳聞也不是沒有，人在江湖走跳，永遠不知道什麼時候，自己的想法、言語或舉止會得罪人，更甚者，你根本就看起來一副充滿野心、很會搶人路的樣子。

趙士強很注重休息區氣氛，從未在比賽中指責自己的選手。（中華職業棒球大聯盟提供）

離開我那偶爾可以聊天遮風避雨的辦公室，當趙士強下一步尚未有著落時，一個他沒有想過的單位，送來他沒有想到的職位，那魯灣請趙士強擔任嘉南勇士隊的總教練。曾經該是趙士強的沒拿到，如今不該他的又有人雙手奉上。人生真有趣。

有別於對手中華職棒，那魯灣是極重行銷的組織。而在兩個聯盟「漢賊不兩立」廝殺慘烈之際，找來之前還代表中職的趙士強領軍球隊，不能不說是宣傳高招，雖然帶有行銷味道，但對趙士強而言，事實就是他終於接總教練了，儘管比預期遲來多年，但晚到總比沒到強。這是唯一可以自我安慰的。

更安慰的是趙士強首次帶隊也證明功力不俗，首年就拿下季冠軍，最後在總冠軍戰擊退太陽隊，成為台灣大聯盟的冠軍總教練。若是一般的職棒聯盟，以趙士強第一年帶兵的成績論功行賞，至少能有幾年的球服可穿，然而這是一個極特別的單位，「中央集權」和「高度

2003 年兩聯盟合併後，趙士強擔任誠泰太陽隊總教練。（中華職業棒球大聯盟提供）

行銷」是那魯灣的特色，所以前一年還是總冠軍賽贏球的教頭，第二年卻轉身變成了職棒公司的總經理，更奇異的現象是同年他還跑去兼台中金鋼隊的總教練，理由是該隊戰績慘不忍睹，需要有人去帶好挽回成績，以便對贊助商交待，表面上看來是對趙士強帶兵功力的肯定，但就球迷觀感頗為突兀，因為沒多久後他又跑去太陽隊當總教練，以前等不到的位置，這下四隊他都快輪完了。「台灣沒有教練培育，早上一覺起來你就變總教練了。」趙士強曾如此感慨，但自己又何嘗不是這句話的「實驗者」呢？關於過往台灣大聯盟這種以公司運作為先、搞宣傳的手法，趙士強沒有太多評論，雖然他心裡應該清楚，棒球運動吸引人的，最終還是球賽內容。

但「那幾年我在那魯灣的日子」對趙士強而言不是沒有收穫的，他終於可以在實戰中印證自己的帶兵理念，他說：「總教練看的面要廣，這很重要。我主張已經職棒了，要分工給各個專精的教練，大家分層負責。我也是那種很重休息區氣氛的人，這對比賽有幫助，我從未在球賽中去指責我的選手；另外，我比較不一樣的是，我會在贏球隔天會要求練球，因為大家心情都好，練起來會很起勁。」

珍惜有球打的日子

其他還有什麼「收穫」嗎？或許這是個特殊的聯盟，所以有特殊的經營方式，為了落實所謂屬地主義，球隊要在地方扎根，地方大小事也得算上趙士強一份，那幾年他跟地方首長跑了不少宮廟、不少椿腳，也喝了不少酒，放眼全世界，趙士強這種「總教練」應該絕無僅有。

但這絕無僅有的教頭也隨著兩聯盟合併後畫下句點，他又回到穿西裝的日子，這回趙士強是誠泰球團的總經理。每當趙士強回憶起得意之事，身體會明顯前傾，聲音也不自覺提高，當他說起誠泰商品是花了四十五萬美金設計費由日本打造，形成中職獨特的商品美學時，趙士強很是得意。

在行政歷練上趙士強學了不少，也促成他在棒球場外有多角經營的事業發展，我都記不清楚他到底做過多少行業的老闆，有陣子我都懷疑趙士強得了種「不創業會死」的病。但因為這些經歷，看事情的角度也有所不同，他說「有老闆支持職棒才能往下走」是句很現實亦很確實的話，正想追問其他時，趙士強的手機響了，聽不清楚話筒那頭的內容，但顯然是通商務電話，掛完電話他急著趕往下一攤。我只得拋下最後一個問題：「若只能選一個，你要穿球服還是西服？」

他的回答是：「如果只能選一個，打棒球還是讓我心裡最輕鬆最自在的一件事，我會選打棒球，珍惜有球打的日子。」

這是趙士強的答案，可惜真實人生不能像 NETFLIX 那部《黑鏡：潘達斯奈基》，可以在哪個時間點，手握遙控器倒轉，由自己決定劇情發展。

真實人生不是這樣，沒有遺憾就不是真實人生！

Chapter 9

杜福明

一齣棒球電影的人生

為了止敗我來蹲捕。

——杜福明

如電影般的棒球生涯

我是認真的、認真的認為杜福明一生棒球路可以拍成一部電影，或許電影名稱就叫《杜仔》！

電影從電腦螢幕上鄉民取笑他曲球理論的畫面帶起，然後跳接到一九八四年奧運銅牌戰，投手丘上的他成了台灣奪牌的大英雄。落差很大的畫面感，這種電影開場應該很吸引人才是，但我知道現實沒有人會對他的棒球故事有興趣，即便家裡昨晚剛挖出石油或對中六個號碼的人都不會去做，不要說影像，連文字大家都懶得寫，呃……除了我以外。

該怎麼說杜仔的棒球電影故事？這故事不是「根據事實改編」更非「如有雷同純屬巧合」，是百分百的真實。

既是真實故事就沒有半分虛假，那麼杜仔的電影應該無法歸類為青春校園片。南英商工是他人生成長很重要的時期，但校園電影常見的爬牆、蹺課，外加幫派集結打架鬧事的橋段，他一概沒發生過，雖然我從不覺得他是那種在師長眼中會唸書、循規蹈矩的好學生，但沒關係，我們要講的是棒球故事，所以講講棒球吧！這可以直接跳到勵志片了。

一開始的畫面是，南英棒球隊時期的杜福明，白天練完球後還有「家庭作業」要完成，帶著訓練後破損的球回家，想辦法把紅線再穿補回去，每顆球都得用針穿過球皮表面，再來回交叉後用力拉緊，針不是工廠專業的，線也不知哪湊來的，總之，教練說、學長也說明天上第一節課前要交出，即便熬夜不睡覺也要搞定它，所以不止一次補到睡著刺到手指頭才驚醒，如果是電影畫面的話，不知導演會把鏡頭先停在杜仔臉上還是他的手上，或是杜家那昏暗無比的淡黃色小燈泡？

以上情節顯示出七、八〇年代台灣經濟雖然起飛中，但要價不菲的棒球還是球隊很大的負擔，「新三年、舊三年、縫縫補補又三年」大概是那些年使用球的狀態，這樣的時代背景，如果能加上一些當時台南的街道及服裝，配上七、八〇年代的老歌，像王傑的嗓音就很對味，那根本就是懷舊片了，一如《天橋上的魔術師》，應該可以拉些同時代觀眾的票吧？不過棒球還是勵志情節最吸引人，但勵志片不是都該有什麼跑步、揮汗訓練的情節嗎？像《洛基》一樣一直跑、一直跑，最後還衝上台階高舉雙手那樣？有的有的，只是很難套用到杜福明現在的身材而已，他在南英時代球技是跑出來的。從南英校門口跑到安平工業區，直線距離不算太長，但如果和摩托車比衝刺的話，那就很有什麼了，每天練完球杜福明自我加強的項目就是來回跑這一段，而且是和機車比速度，衝到兩腿發軟為止，這符合運動電影該有的畫面感了吧？如果你是導演，會如何運鏡拍這段，拍得讓人看了熱血奔騰呢？

杜福明是統一獅隊知名的投手，但他一開始其實不是擔任投手。（中華職業棒球大聯盟提供）

我小時候極愛功夫片，這類電影有個慣用模式，即男主角一開始會受欺負，可能是仇人或其他阿狗阿貓，他不甘心受辱發誓要復仇，所以下決心苦練（中間或許有遇到看起來很不起眼的高手相助），一開始練得二二六六，但隨著時間一天天過去，後來愈練愈強，最終成為一等一高手，結尾就是大對決戲碼，當然贏的必定是男主角，這種戲的套路一成不變，最奇怪的就是看不膩。杜福明在南英沒受到什麼人欺負，他那個長相應該也不會有才是，但他練功的過程其實就和復仇路差不多，每天就是一直練一直練，從半成熟的球技到高二即入選國家隊一員，如果當上國手代表成功，那麼杜福明是成功的，半夜補破球、安平工業區狂衝刺、游擊區不斷接來球、打擊區不斷揮擊，少棒、青少棒前兩階段沒什麼知名度的他，總算讓人注意到了，他沒有打敗仇家，他打敗的是過去的自己。

不過這種勵志電影偶爾也會穿插些搞笑片段，那時南英的總教練是以治軍嚴厲著稱的吳祥木，選手畏懼吳總是很自然的，如果吳總不在了，貓走掉了，你猜老鼠會不會造反？就那麼一天吳祥木也想了解一下，如果他不在球場督導，這群小朋友會是什麼樣景況？他很好奇，所以吳總找了一天對大家說我有事離開一下，走出校園過幾十分鐘後，再從另一頭繞回來，然後躲在一角看這些小鬼在搞什麼，結果吳祥木看到的是，嗯！應該說跟看到幼稚園小朋友差不多，一群人追著另群人跑，就這樣滿場跑，然後追的人假裝手拿機槍掃射，好吧！我就說了，那個球員就是前興農牛總教練王俊郎，他一邊跑一邊還發出「噠噠噠噠噠」機槍連發的聲音。「XX，我該出來了！」吳總心想就立刻衝出來，結果王俊郎玩過頭了，他的「機槍」還在掃，根本沒看到總教練，就雙手對著他「噠噠噠噠噠」，嘿！吳總也很配合，王俊郎手對著他時，吳總還大叫「啊啊！我中槍了，死啊！死啊！」最後你可以猜到，其實也不用猜就知道是誰「死啊！」這是杜福明高中那段一直流汗苦練、也略顯苦悶的高中生涯中，最值得添一筆色彩的回憶。

接著他的人生多了很多色彩，像印度片，雖然我很難想像也不太忍心看杜仔在電影中載歌載舞，但印度片中常出現人生因某事而轉彎，創造出很不可能的情節，儼然杜福明身上發生過的狀況，而且還不止一次。

游擊手—捕手—投手

杜仔以游擊手身分入選青棒國家隊，再以同樣位置加入人人稱羨的台電棒球隊。但過了不久，台電棒球隊竟然因為一位捕手退休，另一位捕手曾智偵入伍當大頭兵去，而鬧捕手荒，然後沒有人逼，杜福明就自告奮勇說可以到本壘板後面蹲著，這不是他第一次這麼做，之前，遠在小學四年級，大家湊在一塊打棒球，但沒人願意去當捕手這等苦差事，杜福明說他可以，之後，加入統一獅首年，球隊八連敗，隊中兩個捕手都掛了，為了止敗，杜仔再度說：「我來蹲。」

鏡頭拉回台電去當捕手那段，從游擊換到本壘後不是換一個手套那麼簡單，為了接好每一球，讓投手有信心，起初那幾個月左手大姆指一直都在紅腫狀態，但身為勵志片或熱血印度片男主角的杜福明很能忍，也很知道、知道如何去練，最終竟就這樣蹲穩了台電捕手的位置。

等等，我們所知道的杜福明不是投手嗎?不急，他的棒球故事很快地又轉彎了。

一九八一年林家正的母校，出了不少棒球好手的亞歷桑納州立大學棒球隊來台灣訪問，當時棒協安排剛拿到秋季聯賽冠軍的台電隊迎戰，本以為是會是場五五波的比賽，結果前六局結束就呈現九一波的內容，隊名叫台電卻被老美電了十五分，在投手用盡的情況下，總教練林家祥走到杜福明面前說：「莫法度了，杜仔！你試看看吧！」如果拍成電影，好希望是宏都拉斯來演當時苦瓜臉的林家祥。

沒想到打鴨子上架的杜福明一試之下兩局才失一分，這看起來很猛，但現在的我們如果還原歷史現場，當中還是有些「誤會」可能要釐清，守方的台電隊真的沒有投手可用，找個人上去頂一下，是真的很想止血，而攻擊的美方則是看到對方連野手都出來投，也不忍心再卯起來打，這有違江湖道義，所以是不是真的杜福明壓制了亞歷桑納州大也不好說，但結果是好的，對台電隊林總及杜福明也有不同意義，球隊找到了可用的投手，而杜仔也在投手丘上看到自己另一個可能：從本壘後方走向十八公尺外的投手丘。

如果每一次換角色都重複他有多認真練，讀者看了也會煩，即便電影也會成老哏。怎麼辦？那就說故事吧！八〇年代日本業餘球隊常在年底前來相對溫暖的台灣參加友誼賽，某年山葉隊和台電比賽時，投手丘上的是杜福明，這很讓日本人吃驚，這個人之前和他們對打時不還是捕手嗎？然後這個捕手變投手的人還是那場比賽最後拿下勝投的人。這個勝投紀錄的背後，毫無疑問又是花時間苦練得來的。

不過這是一部兩個小時長度的棒球電影，實在不適合花太多時間講細節，所以我們跳接到八四年奧運銅牌戰，台韓大戰到十一局，雙方都僵持不下，中華隊的先發莊勝雄力投至此已不得不換了，在名將如雲的中華隊，總教練卻令人意外地選擇了杜福明，但他接下後援工作後投得無比出色，三又三分之一局僅被韓國隊打了一支內野安打，中華隊最後以三比零擊敗韓國拿下銅牌，勝利投手杜福明是大功臣之一。

雖然名氣沒有別人大，但實力卻受教練團肯定，是杜福明在奧運拿勝投的主因，而六年後中華職棒開幕戰杜福明代表統一獅先發，這一點在外人看來就相對合理了，因為當年不論是知名度或是球技，杜福明扛獅隊第一戰都沒話說，最後他拿下歷史性的一勝，成為中華職棒首勝投手，這是個永遠不會被打破的紀錄。

杜福明是統一獅隊隊史第一勝投手，也是中華職棒首勝投手。（中華職業棒球大聯盟提供）

如果電影結束在此，那該是多麼完美的結局，畫面可以再重複安平工業區跑步、晚上補球、更動守位不斷地一練再練，大家坐在戲院中看完此幕拍拍手離開。但真實人生不是你想

杜福明（右二）曾擔任過台灣大聯盟嘉南勇士的總教練，照片為台灣職棒大聯盟第一屆南北明星賽前記者會，杜福明為明星南軍總教練，左一為林琨瀚、左二為北軍總教練趙士強，右一為洪一中。（中央社提供）

停就能停的，你無法選擇哪一個點下個「THE END」的字幕，更多更多時候，「從此過著幸福快樂的日子」不曾存在。杜福明棒球人生的後半場，又是另一番情節了，不是風平浪靜迎向陽光的那種。

未完的故事

在離開統一之後他擔任過高中、大學棒球隊總教練、職棒投手教練，也短暫地被稱為「杜總」，二〇〇一年是台灣大聯盟嘉南勇士隊的總教練，但不論哪個階段都沒有太讓人印象深刻的成績，球隊沒有冠軍加持，也沒養出什麼厲害的選手，當你沒有好結果背書時，人們就不會認為你肚子裡有多少東西（雖然他的肚子真的很大）、懂得多少棒球理論。就如同電影某些畫面，導演想表達的，觀眾是不是百分百能接收，是個問號。在棒球場上不同位置都能做到最好的杜福明，卻沒有加持到他帶領的選手身上，是杜福明的表達能力有問題？是個性使然？還是球員根本聽不懂也看不懂？儘管如此，我依然在不同場合、不同地方，寫成文字也好、當眾誇他也好，都還是強調那句話，杜福明是我見過最聰明的投手，他知道如何解讀比賽、如何判斷打者優缺點，所以我至今依然覺得他是很強的，雖然這句話可能會被質疑，但該說的還是要說，就像眾人在閱讀文字愈發沒耐性，唯有影像能留住些注意力的年代，我仍然相信文字是最美的，是可以完整傳達出最終情感的工具。

在這系列的文章中，我寫過和杜福明同世代的吳復連、郭泰源、趙士強等人，還有年長一些的李來發，這些人的成長經歷都等同於台灣棒球發展史，值得書寫於文字中，但唯獨只有杜福明的棒球人生起伏，是充滿人味的，拍成電影一定很棒，即便獨立某個階段，就像現在年過六十的他，讓我想起了《人生決勝球》。

這部電影開始是男主角克林．伊斯威特上廁所尿尿很困難，接著是煎牛排都焦了自己還搞不清楚，嚴重的是開個車出門都會衝到車庫。這樣的人卻是個棒球球探？沒有人會去了解他過去有多厲害，只知道已老邁的他有多糟。我在杜仔未滿三十歲就認識他，什麼叫凍齡，杜福明才是真正的凍齡代表，三十幾年前我認識杜仔就長現在這樣，他早就先老起來等了。雖然外表沒什麼改，但我不是很確定也不太敢問杜仔：「你現在是不是解小便困難、開車撞車庫、煎牛排燒焦？」但巧的是目前杜仔的工作就和電影男主角相同。

螢幕上的電影中段之後，那個生活上很困難的老球探卻能用自己的經驗，聽聲音去判斷擊球力道，從揮擊的細小動作就能觀察出打者是不是能應付曲球？要不要用高順位選進職棒？這樣的內容及鋪陳有意地修理了數據派當道的現今美國棒壇。但現實是不是如編劇、導演想像的那般美好？每個老球探都如此之神？這是個大問號，也是如今杜福明要面對的。人生上半場，他可以做好自己每個角色，或許只靠著苦練就能站游擊、蹲捕手、投好球。但人生下半場有太多太多事需要別人配合一起努力，這才是最大考驗。

杜福明的棒球故事未完，待續！

Chapter 10

王俊郎

拉索達教我的事

選手和教練間有一條線不能跨過去，那條線叫尊重。

～王俊郎

懂不懂棒球？

龍潭給我的印象總是不太好的，我是說天候，但今天出現了陽光，這陣子的台北很不容易，更何況是龍潭。雖然這種陽光極適合拍照，對你的體感溫度沒什麼實質貢獻，但有好過沒有。陽光下迎來了王俊郎，新加坡人形容開心的樣子說是「見牙不見眼」，很傳神的一句話，此時的王俊郎就是如此，我想從笑咪咪的他找到些答案。

差不多是二十年前的二〇〇〇年，中職總冠軍戰，賽前興農牛總教練王俊郎手中有兩大王牌投手：楓康、單季二十勝、最多單場MVP、防禦率王、勝率王，還沒到年度頒獎典禮，大家都清楚「年度MVP」已在他手上了；另一張ACE是勇壯，這年他拿下十四勝，是他來台灣第四年，其中三年有十勝以上。

手中有兩張王牌，按一般七戰四勝的調度，兩人角色十分吃重是肯定的。但那年在轉播室的我們，卻怎麼也沒料到竟是如此的吃重，王俊郎前四場的投手安排是「楓康、勇壯、楓康、勇壯」，很驚人的投手調度。那時有位棒球界大老，看著這樣的先發安排，對我說了句：「王俊郎到底懂不懂棒球？」

懂不懂棒球究竟要從什麼標準來看呢？以知名度、當選國手的次數嗎？這位大老恐怕是狂勝王俊郎；若是以打過職棒的場次與帶兵經驗，王俊郎絕對更勝一籌。

所以懂棒球的標準是？

如果不是去多明尼加棒球學校走過好幾趟，王俊郎一直以為他很懂棒球。

王俊郎生於一九五九年，三級棒球經歷是進學國小、金城國中、南英商工，標準的台南棒球子弟兵；大學唸的是輔仁大學，四年大學棒球經歷中，最值得一書的是參與過那場和文化大學的二十一局大戰；退伍後王俊郎是首批兄弟飯店業餘棒球隊的成員，很順理成章地就成為中華職棒開打後，兄弟象隊的一份子。

不少球迷會以自己從哪年開始看棒球來評斷自己多厲害，如果這樣也算的話，那打了大半輩子球的王俊郎說他很懂棒球，應該沒有人懷疑才對。

如果王俊郎沒有接總教練、沒有看了台灣以外世界的話，他真的一直這樣覺得。

聽到自己要接下興農牛總教練那天，王俊郎還穿著釘鞋，也就是當天他還是選手身分準備下場比賽的，全世界聽到接總教練消息當下還穿著釘鞋的，王俊郎恐怕是唯一一位了吧！

除非對這個位置覬覦很久，否則在完全沒有心理準備下，當下是會拒絕的，王俊郎就是如此，他想說不，但選擇拒絕的代價卻是被釋出，也就是要不當頭頭要不沒頭路，球團如此明確告知，所以，在沒有回家吃自己的本錢下，王俊郎接下了這個燙手山芋。但沒人料到，正式接總教練第一年，王俊郎就把球隊帶進總冠軍戰；隔一年，二〇〇〇年中職總冠軍戰的交手兩隊，其中一隊就由王俊郎帶領，也就是出現「楓康、勇壯、楓康、勇壯」另類調度的那一年。

一九九六年底，也就是興農從原先俊國熊收購剩下股權，成為百分之百實際經營者那年，宣佈和道奇隊進行訓練合作，且在十二月二十五日遠赴多明尼加進行四十天春訓，當時新聞稿提到「道奇隊希望協助興農牛在兩年內拿下冠軍。」結果真的就在兩隊合作的兩年內，一九九八年興農牛拿下季冠軍，王俊郎正是帶隊達成此目標的總教練。

或者應該這麼說，王俊郎球員生涯一開始是兄弟象的主力先發外野，後來林易增轉隊過來，他就淪為代打選手，一九九五年轉到俊國熊也沒能要回原來的先發，如果一路這樣下去，即使後來能接教練一職，他有可能兩度打進總冠軍戰嗎？

沒有發生的事永遠不知道答案，但已知是很清楚的。王俊郎說，如

王俊郎是以選手身分臨時接下興農牛隊總教練職。（中華職業棒球大聯盟提供）

果沒有和道奇合作，沒有走多明尼加那幾趟就不可能。

湯米．拉索達

關於到多明尼加之後的神奇改變，在之前黃忠義的訪談說了不少，不過那是屬於個人技術的部份，讓黃忠義了解到什麼叫做人外有人；而王俊郎則是教練班的養成者，打從第一趟加勒比海之行，選手兼教練的王俊郎就被分派到教練團那一層級，受帶兵戰術的指導。

聊到這一段，我們談話的空間是在名人堂飯店的咖啡廳，面對王俊郎的我，是整個背靠在椅上，雙手垂放，那是一個比較屬於和老友聊天，而非採訪和受訪者的關係，很放鬆的姿勢。但當王俊郎提到一個名字時，我的身體不自覺地從 off 轉成 on，上半身迎向王俊郎，他說那些年從湯米．拉索達（Tommy Lasorda）身上學了不少東西。

在約訪王俊郎那幾天，湯米．拉索達的名字一直出現在棒球相關媒體上，但我沒料到這個名字會突然出現。

「那你從拉索達身上學到什麼？」你應該也會這樣問吧？

接下來是王俊郎完整的陳述，希望能藉此一窺傳奇老教頭的教練哲學。

「有一次我問拉索達說心裡很煩，他問我煩什麼？我說選手都教不會，他居然說教不會很好啊！表示你會一直有工作。拉索達就是一個很正面的人。

「他說選手和教練間有一條線不能跨過去，那條線叫尊重。

「拉索達說總教練的工作就是輸了要負責，不然找你來幹嘛？

「我會問他戰術錯了怎麼辦？他回說要相信你下的戰術，全世界所有教練下的戰術都是百分之百正確，要有這樣的自信。

「大家都是輸球後找缺點，但拉索達說要從你以為完美的比賽（贏球）中找出毛病。

「輸球之後，他也跟我說不要急著檢討，早點睡覺，睡覺是好事。

「拉索達最常教我的是運動心理學，他的觀念是心理大於技術，少數有提到的場上狀況是一、三壘手的站位，當比賽到後段，雙方分數很接近時，我們都會讓一、三壘手站靠邊線，以防打穿後形成長打。但拉索達卻反對這樣做，他的理由是，打穿邊線的機會一點都不高，不是想打哪裡就可以辦到，所以為什麼要犧牲百分比較高的位置，而去站那很難出現的邊線？」

關於最後一點，我也算是受教了，這的確是獨特的見解。多數時候拉索達是給王俊郎心理學指導，不過一趟大老遠從台灣飛到多明尼加不是要參加「心靈成長班」的，重點應該是如何在實兵操練中學到如何打好一場比賽，王俊郎說棒球學校有一套很特殊的教頭訓練法，比賽前給你一支球隊帶，在此之前你完全沒看過這些選手，無從了解他們是圓是扁，你要在極短時間內去了解手下這些選手，判斷他們的能力，然後做出最正確的戰術。間隔二十年後，這是我第二次聽他回述這段，再聽一次依然認為是很酷的方式。沒聽過的則有，棒球學校有塊特殊的內野，各壘間會刻意拉長距離，所以不論你守的是二壘、三壘還是游擊，傳球距離都比正式比賽場地更遠，從這樣的訓練去強化你的傳球臂力及縮短傳球時間。

「那是有點像揮加重棒、投擲加重球的概念？」聽到這邊，我問。

「沒錯，就類似這種訓練觀念。」王俊郎答道。

還有什麼？王俊郎覺得比較多還是觀察到拉美教練較注重選手的感覺，而亞洲的教練主導性強，教練說什麼就是什麼，由教練決定訓練量及時間。雖然是所謂的棒球學校，如果選手OK的話，那就沒有必要非得把球員操死不可。

這些觀念，在後來他回台灣，也就是穿著釘鞋被迫接總教練之後，他試著「照本宣科」地移植過來，在臨危受命，身旁又毫無教練團班底時，這是他最好的選擇。所以，在擬定先發名單時，他交給投、打、守各位置的教練去提出，相信他們的專業。他只負責正式比賽後的戰術下達，王俊郎相信在多明尼加訓練時，賽前連選手的臉都沒見過，他都能辦得到，與農牛這群在前一天還是他隊友的人，他會帶不好？

這是他第一年就能把球隊帶進總冠軍戰的原因之一，其他？不能不說改了性格也是。如果和王俊郎相處過，就知道他是個極樂天的人，笑口常開是他的註冊商標。職棒剛成立時，我這跑線的菜鳥，就聽過兄弟象王俊郎一個趣聞：某天他在兄弟飯店路邊，看到一台保時捷停靠，王俊郎一看這車也太漂亮了吧！結果王俊郎做了件讓人驚呆的事，他先用嘴巴在引擎蓋上哈氣，然後再以身上的衣袖去擦拭。因為這件事聽起來很扯，我是有點懷疑真實性，而三十年後的現在就是求證的好時機。

「對啊！沒錯，而且我還不知道車裡面有人，我擦完之後，車主就開車門出來，她可能也嚇了一跳。結果一看車主是藝人于楓。」王俊郎一邊呵呵笑一邊回答，不但證實了之前的傳說，而且還加碼，說了個如果聽過這藝人的名字，代表你肯定有一定歲數了。

這就是選手時代的王俊郎，多少可以解釋那些兄弟老洋將回到台灣總是會找王俊郎敘舊的主因。但當了總教練後顯然不能再是那種愛交陪的個性，即使再不願意都得如此，不是每個人都能像郭泰源一樣這麼勇於做自己，不到四十歲就接總教練的他，選手時代又沒高知名度及豐功偉績，很多人等著看笑話。台灣人說「厚靠山比王城壁較崎」，意思是說，有靠山比城牆厚實還有用，雖然是球團要他接這個位置，但老闆真的支持他嗎？能成為他背後的有力靠山嗎？王俊郎並不是百分之百確定，所以他能證明自己的，就是打出好成績，即便要改變自己，變成一個強勢的人。

王俊郎沒有說他自己是強勢總教練，但我認為他是。那時他的首席教練是有大聯盟經歷的泰迪，即便如此，王俊郎很明確地和他說，在比賽中不能質疑他的戰術，比賽結束後要怎麼點出他的錯誤都行，但比賽當下總教練權威不容侵犯。

另一件事，某場比賽洋將安收多（Ron Maurer）表現離譜，怒極的王俊郎唸了他幾句，沒想到安收多老大不高興，除了在休息區甩棒之外，竟對著總教練王俊郎大叫「You in!」意思是說，你這麼厲害你上去打看看。王俊郎二話不說，拉著他，不是把他扁一頓，而是拉到後面打擊練習區，讓安收多看看他如何把球擊得又強又平，揮完後，王俊郎叫翻譯跟安收多說：「我相信美國棒球贏台灣很多，但比個人，恁爸贏你夠夠。」我不知道當時王俊郎請翻譯轉達時有沒有加了句「幹！」我也沒有詳細追問，明明比賽中，你們要如何突然跑到後面去「釘孤支」？我只知道聽故事的當下，心裡是有點激動，安收多沒有上過大聯盟，但不論在哪一個棒球層級，我都不相信他在美國打球會這麼頂撞總教練，這麼沒大沒小，這就是台灣職棒的悲哀，靠洋將打天下，久了各種離譜、拿翹、囂張之事所在多有。王俊郎打臉對方，也只是剛好而已，拉索達教給他的「選手和教練間有一條線不能

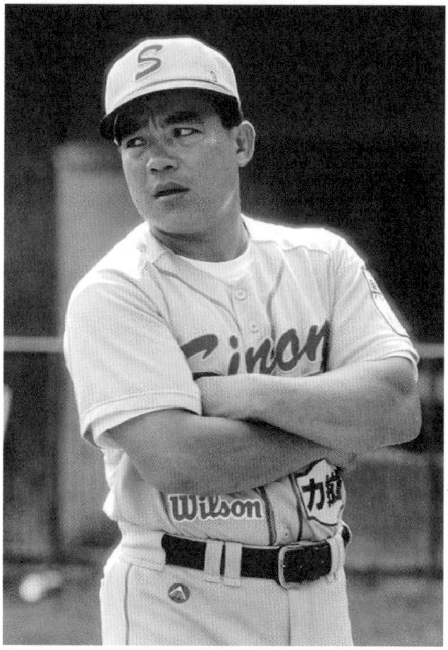

王俊郎曾率興農牛隊兩度拿下季冠軍。
（中華職業棒球大聯盟提供）

跨過去，那條線叫尊重。」這一點王俊郎做到了。

所以我相信王俊郎是強勢的，他不是那個選手時代「快樂打棒球」的奉行者，他要的是贏球，只有成功什麼才都是對的，這也是拉索達對他說的話。

他也算是成功的，以接手前連勝率五成都不到的球隊，能夠三年內兩度打進總冠軍戰，王俊郎不算是失敗的人，遺憾的是兩次大賽他都輸在第七戰。而我最好奇的還是二〇〇〇年那一戰，那個「楓康、勇壯、楓康、勇壯」的調度。

七戰惜敗，依舊愛棒球

去龍潭訪談前，我心裡是有個預設答案的，那個假想答案是一九五九年日本職棒總冠軍戰由南海對巨人，南海隊首場最佳先發投手人選是杉浦忠，他不僅以三十八勝佳績協助南海隊贏得聯盟冠軍，其他如勝率九成零五、防禦率一點零四、最多三振三百三十六次以及連續五十二又三分之二局無失分等，多項投球成績都是無人能及。換句話說就是古早版的楓康。

第一場比賽杉浦忠如願地主投八局後為南海拿下第一勝，但重點是接下來的比賽，第二戰巨人隊竟然又看到他們不願看到的投手杉浦忠，雖然是後援，但他也足足投了最後五局，這時他已經投十三局了，第三戰該沒有杉浦忠了吧？錯！他又先發了，而且一口氣完投十局勝，自此南海三連勝，第四戰，已經投了三場的杉浦忠又出場了，不但又是先發，而且是完投外帶完封勝。從十月二十四日到十月二十九日短短幾天內，四場比賽有三場是杉浦忠先發，加上後援總共投球局數是三十二局，總球數是四百三十六球，可怕的是，整個系列賽的總局數也不過只有三十七局，怎麼想都太不可思議！

不過，這段歷史已經離王俊郎對統一獅那戰有近四十年之久，當今棒球不可能有人這麼「玩殘」一位投手的，但我還是很好奇的想知道，王俊郎是不是想賭一把，期望前四場就把兩張王牌推出去，速戰速決地四場清掉統一獅。

結果當年沒機會問，等了二十年的答案竟是「無趣」得很，王俊郎說會這樣安排，是因為例行賽對獅隊無敵的楓康竟在首戰投不到幾局就被換下，沒有投太多球，所以第三戰再讓他上。原來答案竟是如此出人意外的平淡，感覺花好多時間看了整季的推理劇，結果真兇居然是路人甲。不過那一系列大戰，最出人意外還不止於此，沒有人想到牛隊兩張王牌投得跌跌撞撞，不在先發規畫名單的老將陽介仁卻跳出來，差一點以一人之力拯救了牛隊，如果不是遇上羅敏卿的話。

誰能想到有人會在七場冠軍戰幹出六支全壘打，而且支支關鍵。王俊郎也想不到，在第一場比賽他看出羅敏卿狀況奇佳，王俊郎要求他的投手，之後無論如何都不能投給羅敏卿打，保送也沒關係，跑不快的羅敏卿，在一壘對獅隊戰術反而是種傷害，但不知為何，他手下的投手就是做不到，鎖不住羅敏卿的結果，就是興農牛在第七戰敗下陣來。

拉索達說總教練的工作就是輸了要負責，不然找你來幹嘛？王俊郎輸掉二〇〇〇年那一戰，之後興農牛脫離競爭圈，王俊郎也脫離了總教練工作，為戰績負責，但也為了一些不是他決策之事負責，例如把陣中明星球員交易出去，牛迷把這筆老闆決定之事，算在他頭上的帳，王俊郎也只能吞下去。

從牛隊不太愉快地離開，王俊郎沒想到自此遠離了職棒教練工作，成了「大廟姆收、小廟姆留」的人，言談間看得出來他「英雄無用武之地」的感慨。只是走著走著，在外頭繞了一圈，他竟回到了職棒生涯的起點：兄弟飯店的龍潭棒球場。身上的頭銜是他從沒想過的「經理」，對著這個他再熟悉不過的場地，那個依然高掛在球場入口處的「人品定優劣、苦練決勝負」的標語有更深的體悟。

今天陽光好耀眼，球場草皮被光線襯出一道道只屬於野球世界的光芒，王俊郎凝視著本壘後方那黃色布條上的幾個字「我愛棒球」，回過頭來對著我，又是那張笑咪咪的臉，說：「還是打棒球最快樂！」

Chapter 11

林仲秋

和冠軍絕緣的男人

我是個好教練但不是好的總教練。

～林仲秋

一九九〇年八月十一日。五局上，打擊區的林仲秋緊盯著前方的投手林光宏，林仲秋打定主意揮第一球，如果是直球的話。是速球，朝內角而來，那是他最喜歡的，他本能的揮棒，向來對自己的揮棒速度有信心。『咔』一聲，球直射中外野，味全龍二壘手羅世幸已轉身往外野看去，不論龍迷、虎迷都站起來望著球的方向，中外野手林易增右腳啟動，順時針一直退一直退……

冠軍絕緣體

東勢高工棒球場。我和林仲秋坐在本壘後方的樹蔭下，台中的陽光很舒服，我其實是比較想曬曬太陽的，但林仲秋一直好意要我待在陰涼處，我也不好意思拒絕，我們邊聊，林仲秋邊盯著他的子弟兵。我粗略數了一下，這支棒球隊應該不到二十人吧！不論人數或技術，和頂尖的青棒勁旅都有一段差距。我在想，林仲秋看這群孩子會不會想起年少的自己？不是名門出身，打球也跟不上他人，同世代的有林易增、江仲豪、李居明、林華韋。林仲秋？誰啊？雖然是個沒人聽過的名字，但林仲秋就是想要打棒球，一方面也是不愛唸書。雖然我一直很不喜歡聽到棒球選手說他是不愛唸書才去打球，但通常是事實，儘管林仲秋現在回過頭來，反而會勸年輕後輩的棒球員一定要多讀書。

也許真的不愛唸書，但愛打棒球是肯定的。瑞穗國小、豐南國中，以棒球而言沒什麼人聽過，宜寧中學有點知名度，但和屏東的美和、台北的華興比起來又差了一截，然後身高不到一七〇，實在沒什麼未來性，但林仲秋還是想要打，高中畢業選了北體，情況和宜寧差不多，北體棒球隊參加大專杯，感覺就是「陪公子讀書」，陪著文化、輔大兩強，一起報名、一起參賽，然後看著別人拿冠軍，週而復始。

棒球究竟是團體或個人運動？是團隊吧！這應該毫無疑問，沒有團隊就沒有個人，但如果是這樣，球隊一直沒有競爭力，那個人還有機會嗎？據說林仲秋第一個手套是偷爸爸錢去買的，我沒有跟本人證實這件事，因為這實在是有點「教壞囝仔」，但無論第一個手套怎麼來的，林仲秋都連作夢也沒想到自己一生的棒球路竟和「冠軍」如此絕緣，「我就是和冠軍沒緣啦！」後來在餐桌上他如此感慨。

但沒有冠軍命會不會就代表少了個人風采？在北體培養起來的打擊實力，讓林仲秋入選大專明星隊，接下來，咦？好像沒有接下來了，在沒有輿論監督沒有球迷聲浪的年代，關起門來選國手也不知道是誰說了算；總之，打了非常多全壘打的林仲秋卻打不進選拔委員的心裡，是他「貌不驚人」的外型不討喜？或者不是棒球界「台清交」名門學校畢業所致？不會有人能給出真正答案。總之，不是國家隊常客的林仲秋，並沒有太多人知道他的名字。

全力揮擊後，林仲秋直線往一壘加速，他不確定球能不能越過林易增頭頂飛進觀眾席，或最多只擊中全壘打牆，不確定就只能全力衝、他看到一壘手陳金茂移動的身影，至少要衝向二壘啊……

現實的運動世界

東勢高工棒球場。這個學校真的很大，這輩子沒看過這麼大的高校，偌大的校園在暖陽照耀下，很難體會林仲秋說的初到日本那種冷，冷到骨髓的感覺，還有第一天就被操到快吐的往事。東瀛一趟是苦的，卻是值得的，語言、環境上的不適讓他更想拚，操練的累讓他球技更進了好大一步。日本社長花錢把他從台灣找去，顯然每一分錢都回收了，林仲秋是球隊的四番，是東北全壘打王，是對方投手眼中一定要閃的人，那個「台灣來的林桑」。

運動世界是現實的，這是永恆不變的道理，有表現就有名聲和隨之而來的高所得，成為「都對抗賽」常客的林仲秋，一待就是七年，薪資跳到初抵日本的三倍有餘。不過林仲秋還是選擇回來了，他是個坦誠的人，本來預期要聽到回台理由是什麼「回饋台灣」的，沒有，他就只是說時間到了該回來，孩子也大了，台灣職棒成立，也有人要找就順勢回家了，就

2017 年職棒傳奇球星公益賽，當年僅當兩小時三商虎隊總教練球隊就解散的林仲秋，相隔 18 年終於帶隊迎戰味全龍，林仲秋並先發擔任捕手。（中央社提供）

這樣。但要回哪一個「家」，林仲秋有選擇題要勾選，那是一個「唯一規則就是沒有規則」的年代，人才誰搶到陣中就算數。三商虎先來找、統一獅開的價碼最誘人，後者我是絕對相信，跟著獅隊領隊郭俊男先生觀察好幾年，對於他那種只要統一獅強，無所不用其極的霸氣印象極深。最後林仲秋沒有向錢靠攏，而是傾向情份那一側，虎隊總教練林信彰先找了來，且有口頭約定是其一，第二是林總過去在陸光棒球隊帶過他，也是林信彰建議他多守幾個位置增加出賽機會，開啟了「工具人林仲秋」的多元發展，所以後來林仲秋能拿厚手套蹲捕、拿小手套守內野、拿長手套站外野，得感謝林信彰這份情。林仲秋是個惜情的人，只好跟台南的球隊說聲抱歉後，加入了三商虎。

三商虎的「林來瘋」

有位置都能守是林仲秋的優點，但再多的手套都抵不過一支球棒，虎隊要的還是林仲秋的打擊，他也深知這一點。從日本搭機回台灣只要三個多鐘頭，但從鋁棒改成木棒要花的時間可不少，早期不少巨砲的職棒生涯就斷在適應不良，林仲秋回台前在日本拿了些木棒來練，但份量並不多，儘管如此，他還是設定了五場比賽希望能擊出一支全壘打的目標，結果，高齡三十三歲的林仲秋在前六場虎隊賽事中，有一半的比賽把球轟出全壘打牆外。看得球團、教練團樂呵呵，也成為虎迷心中的「林來瘋」。沒有人再懷疑林仲秋了，媒體開始大量報導，職棒雜誌第十三期由記者陳芸英專訪林仲秋的文章中，他說了句「我感謝那些（國手）選拔委員，如果我當選，就沒機會到日本增廣見聞，我的運動生命也不會維持那麼久。」不論當初哪個人始終把林仲秋擋在國手名單外，林仲秋這句話、這巴掌，打得好響。

林仲秋繞小圈踏過一壘壘包角落，往二壘加速前，他看著林易增放棄了，球進看台球迷搶成一堆，林仲秋情不自禁地高舉右手，但不確定是紅不讓而急速衝壘、繞壘，左大腿好像拉到了，不是好像，是真的拉到了，天哪！好痛，二壘壘包就在前面了……

成功者永遠不能忽略練習

東勢高工棒球場。從本壘方向往前看，沒什麼建築物遮蔽，這種景色對台北人來說是一種奢侈享受，兩個加起來早已超過一百二十歲的大大叔，正往前看著這片美景，我好想就這麼坐一整天都不動，明明是來採訪的，我好像有點看出神了，林仲秋的聲音「叫醒」了我，他向我解釋為什麼能在這麼短的時間內適應木棒，那取決於從小很好的手腕力，在擊中球瞬間的翻轉力道能優於他人；還有，成功者永遠不能忽略的因素，練習再練習。要練多少？林仲秋給了我一個數字，「每晚打網一千顆！」我必須確定我沒有聽錯，於是又複述一次這個數字，他給的同樣是那四位數的答案。但這不是總數，接著還有兩百顆的發球機練打，這兩百顆的內容是朝右打，再來是中間、最後是拉打，很有目的性的練習內容。

大量訓練下，林仲秋像每一年都少一歲般的逆齡表現，回台第二年擊敗同隊隊友鷹俠成為全壘打王。隔年更刺激，在最後一天最末一場比賽，林仲秋敲出單場雙響砲，硬是從鷹俠、羅世幸手裡搶下全壘打王頭銜，完成全壘打王二連霸，這是中職第一人，別忘了他不到一七〇公分的身材，還有三十五歲的年紀。

有成績又是虎迷心中的最愛，接下來大家要等的是：林仲秋何時接三商虎總教練？

翻開林仲秋職棒生涯經歷，總教練一職是中信鯨二〇〇二年到二〇〇三年，那一九九九年三商虎算不算呢？那個全世界最短命的兩小時總教練算不算？虎迷一定認為算，他們是如

林仲秋 2002–2003 年曾擔任中信鯨隊總教練。（中華職業棒球大聯盟提供）

此深愛著林仲秋。但如果，只是如果，虎隊不解散，林仲秋依然帶著這支派系無比複雜的隊伍，最終戰績年年墊底，那虎迷還會……

我真不該問得如此直白、如此傷人心的，畢竟虎迷是全台灣唯一沒在正式比賽丟過總冠軍封王彩帶的球迷，而林仲秋也一直覺得這是欠他們的、永遠無法還的「債」。但債也好、情也罷，林仲秋一直覺得欠別人很多，也始終牽絆著他，這是不是他自承「不是個好總教練」的主因？

左大腿真的好痛、好痛，像紙被撕開般，每往前一步身體就裂一痕，好痛，先右腳跨一步、左腳再往前拖移試試看，繞過二壘壘包後，前位跑者鷹俠離他愈來愈遠、背影愈來愈模糊，味全龍游擊手麥克關心的看著他，但不知用什麼語言安慰他，壘間的距離什麼時候變得如此遙遠，全壘打跑壘像籃球罰球，徬彿全世界靜止，大家都在看著，真的好痛，我一定要想辦法跑完，林仲秋堅定地告訴自己，棒球比賽什麼都能做，就是不能倒著回去，一定要跑完啊……

我是個好教練，但不是好的總教練

東勢高工棒球場。左側有個司令台，有點歷史的學校是不是都得有個司令台這種東西？這個學校之前並不在現址，因九二一大地震毀了原校舍才搬來此處，但同樣，司令台還是有的。司令台真正功用是？記得小時候那是體育老師帶操的地方、是校長訓話到令人昏昏欲睡的地方。但「司令」兩個字聽起來還是很威、很厲害。林仲秋就是個司令，二〇〇二年他成為繼李來發後第二任中信鯨隊的「總司令」，在當上中信鯨總教練之前，他又在興農牛打了兩年，而且以未來應該不會有人打破的四十二歲高齡拿下全壘打王，這個獎座是實力加上被老闆那句「你那麼老還能打嗎？」刺激而來，林仲秋是個愈被看不起愈能激發鬥志的人，在證明自己不老的背後，是每場賽前兩腿包紮得像木乃伊忍痛上場的意志力。當上總教練後，他也想激起選手的鬥志，但森林的虎王要帶一群水裡的殺人鯨，會不會水土不服？這是林仲秋首先要克服的。

「我是個好教練，但不是好的總教練。」林仲秋這麼評論自己，在近二十年後，離台中市區有一段車程的棒球場邊，他這麼說著。以林仲秋屢屢把球轟向看台上的能力，他應該是個性很強勢的人，但林仲秋卻承認自己不是當總教練的人才，承認自己不行是很不容易的，原因是？

「我就一個人去中信鯨報到，也沒帶什麼班底，我想總教練就是要充分授權，只是有些教練想的跟我不一樣，有些教練可能也想取代我的位置吧？」

還有原因是？

「有些選手很有問題，看他們表現就知道那不是他們真的實力，但我就是不忍開除他們，留下的結果是大家一起死。」

台語有句話叫做「毋捌字請人看，毋捌人死一半。」意思是說如果你目不識丁，還可以請人幫你看，如果不懂看人，你就死定了。林仲秋沒有把鯨隊帶好，就是他自己所說的，不是個好總教練的原因，他不僅識人不明，也太感情用事。國際足總金球獎二〇一〇年度最佳總教練的荷西．穆里尼奥（José Mourinho）曾說過一句話：「好人拿不到冠軍」，放在林仲秋身上恰巧適合。

這位老好人在當總教練時有幾件事聽來很「趣味」，也完全看得出他的個性，投手宋肇基早上集合一定遲到，怎麼罰都沒有用，最後解決的方法是，林仲秋搬去跟他一起睡，每天早上把他搖醒；另一位投手感情出大狀況，正牌女友跑到宿舍上演「一哭二鬧三上吊」戲碼，最後是林仲秋以總教練之尊好說歹說把女方勸離；老好人平常不太管選手，唯獨常勸球員一定要給小朋友簽名，無論如何都要滿足他們。

林仲秋一直認為他沒有做好總教練的工作，但以他帶的鯨隊，還有所處的職棒暗黑年代，能首年就打進總冠軍戰並不容易，但結果輸球，林仲秋就認為是他失職。「都輸在我」，林仲秋給了句一般總教練很難說出的話。

林仲秋除了輸在自己，是不是也輸在命運？二〇〇二年總冠軍戰，中信鯨攻守陣容不算差，投手有宋肇基、中山裕章，打者有洪啟峰、陳連宏、陳文賓，但偏偏他們遇上的是第二次黃金世代的兄弟象，尤其是隊中那個叫彭政閔的人。命運啊！回憶至此，林仲秋仍帶著萬般無奈的情緒，這一生沒有帶過彭政閔，是最大的遺憾，明明說好要加入虎隊、明明就快簽約了，但只差一天三商虎竟無預警解散，這一聲不玩了，不僅改變了彭政閔的命運，也可能改變了中華職棒的歷史，例如二〇〇二年那一戰。

終於踏上三壘了，撕痛感依然久久不散，林仲秋一拐一拐往前進，站三壘指導區的林信彰總教練想扶他，林仲秋示意他不要過來，不管多痛他一定要自己跑完，本壘就在前面了，離回家不遠了……

沒有冠軍的人生未必不完美

東勢高工棒球場。孩子們已經慢慢在收球具了，今天的練習告一段落，野球孩子沒有寒暑假，這裡也如此。有個孩子走了過來，對比我和林仲秋都不到一七〇的身高，這孩子顯然很大隻，他盯著林仲秋一直瞧，林仲秋對他說：「看什麼看？三年了還沒看夠？」孩子笑嘻嘻地回：「看全壘打王啊！」林仲秋眼裡滿是笑意，雖然他回的是：「你變態喔！」但在我眼中，林仲秋是永遠的全壘打王，小朋友顯然也這麼認為。全壘打王頭銜是可以自己爭取來的，只要很努力、每晚揮一千多球以上，可能都有機會。但冠軍？要得到就要有很多因素配合，林仲秋沒有冠軍命，他曾經遺憾但如今已釋懷，從台灣到日本再回到故鄉，這一條像繞圈的路上，他做了不少選擇，有為了證明自己的、有還感情債的，為了證明自己，他揮出了不少全壘打，關於還感情債的，他不曾後悔沒有去高待遇的統一獅，還有捧大筆錢來找的那魯灣。男人只有往前走，像棒球跑壘一樣沒有後退的，雖然途中會有不平、會有意外、也會拉傷腳，但還是要咬牙一步步地跨出去。

終於回到家了，如今的林仲秋生活重心在教教孩子打球、也教教他們做人處世的道理，如果有職棒後輩希望他指點，林仲秋也樂於付出。然後有空爬爬山活動筋骨，林仲秋滿意自己的生活，「沒有冠軍的人生未必不完美。」他悟出這個道理。

Chapter 12

江仲豪

那熟悉又模糊的身影

我們都很辛苦地走過來了。

～江仲豪

曾經家喻戶曉的大明星

台北市立棒球場。本壘後方的觀眾席上，有個大型鐵皮屋，很突兀地掛在那裡，對建築美學是個傷害，但卻是功能性很強的建物，上頭有三個大房間，中間是聯盟播報記錄組，右邊是廣播公司放送比賽實況之處，左邊則是閒置空間。

十三歲的江奕昌就坐在那建物下面，很安靜地看著前方，那再熟悉不過的黃色身影。同一時間，黃色身影旁是我，比賽前我總是纏著江仲豪總教練聊東聊西，原本電視轉播室是在本壘後方，那幢建物的左邊房間，但後來移下來了，位子正好在一壘側，緊臨著兄弟象隊休息區，那更方便我賽前和教練、選手聊兩句。有時我在想，是不是江總也愛和我談天？不一定是棒球話題，可能有人找他都歡迎吧？看著空蕩蕩的觀眾席，小貓兩三隻，沒有一位職棒總教練心情會太好，尤其是兄弟象總教練，身為台灣人氣最高的職棒隊總教練，這個位置很不好坐，要拚戰績又要顧人氣。但究竟是球迷進場能帶動士氣提升戰力，還是勝率提高就能吸引更多的觀眾入場？

有點難解，所以他常不自覺地眉頭緊鎖，看在我眼裡形象極為具體，一如他在江奕昌眼中那鮮明的父親角色。

但抽離我們二人，「江仲豪」這三個字給球迷印象卻是如此模糊，最多能說出的就是「那個站兄弟三壘指導區的教練」、「曾紀恩身邊的人」。沒有人記得他曾當過三年的兄弟象總教練，是不是因為他任職那三年，是台灣職棒史上最黑暗的時代，人們遠離了球場，更不想也不願去提及當年各種人事物？

其實江仲豪曾是家喻戶曉的大明星。台灣棒球發展超過百餘年，第一波高峰出現在一九七〇年代的三級棒球熱潮，一九五七年生的江仲豪是代表人物之一。就如所有我採訪過的優秀選手一般，江仲豪也是在運動方面表現優異而被拉入棒球隊中；但打棒球有什麼好處？在不能隨便出國的那些年，如果打得好拿到全國冠軍就可以坐飛機出國，那是多吸引人的事？尤其對家境不好的江家來說，所以江仲豪就順勢成為了棒球隊一員。

但最終江仲豪沒有出國，他們的金龍少棒隊輸給了嘉義七虎隊，輸在那最後的再見一擊，我是在小學的教師辦公室，偷瞄到七虎的楊福興將金龍投手楊清瓏的球送出全壘打牆外那一刻，全校老師都在關心這場比賽，那是比職棒總冠軍第七戰更受到全國注目的年代，沒想到好多年加好多年後，那場比賽的當事人之一就坐我面前回溯這段史實，然後江仲豪又說了個可以佐證少棒賽有多熱、有多瘋狂之事：在全國賽一開始江仲豪陷入打擊低潮，但教練治好他打擊低潮的辦法不是糾正打擊動作，而是找個通靈人士來幫他收驚。

講到這段我笑了，但不意外，因為我見證過那個瘋狂的年代，那些年還曾把少棒英雄人像印在小朋友玩的「尪仔標」上，在大賽中擊出全壘打的江仲豪是其中之一。很像大家樂，什麼怪誕之事跑出來都沒什麼好大驚小怪的，雖然這樣比喻可能不太妥當。

「不是國家栽培我的，是美和、是徐外科栽培我的！」江仲豪曾對我說過這句話，很難忘。在動不動就把國家大帽子壓在棒球員身上的年代，江仲豪敢講這句話其實不容易，也證明他是知恩感恩之人。會進入美

江仲豪曾擔任過三年的兄弟象隊總教練。（中華職業棒球大聯盟提供）

和、一待就是六年，是實力加點親友關係之便，才讓江仲豪成為剛建軍的美和中學棒球隊一員。

接下來在美和六年間，江仲豪等到他要的出國機會。一九七二年台灣首次組青少棒代表隊遠征美國。一九七四年台灣第一次組青棒隊到美利堅，兩次具有歷史意義的國家代表隊，江仲豪都是其中一員，青棒那次的名單不乏大家熟悉的球星，李來發、高英傑、劉秋農、郭源治。不僅是這一次青棒賽，前一回的青少棒也都拿下冠軍，得到「世界第一」後就是那些年「例行」的儀式：總統召見、坐吉普車遊行，還有發行紀念郵票。伴隨而來的是媒體在在顯露「打棒球皆是國家民族英雄」般的大篇幅報導，內容深印在老百姓心中，也讓每一位國手的名字成為家喻戶曉的大明星，包括江仲豪。所以我說江仲豪曾是家喻戶曉的大明星。

不起眼的身材能成為萬中選一的國手，是不容易的，江仲豪將其歸功於有目標的練習，同樣是外野撿球，隊友可能是邊聊天邊撿，但他卻是利用時間在判斷飛球行進路線，藉以加強自己比賽中的守備能力；至於打擊，天份是佔了一些，但個子小的江仲豪仍有長打的POWER……

不等江仲豪說完，我有點不太禮貌地插嘴問「那教官（曾紀恩）呢？他對你的影響是？」江仲豪沒有露出不悅之色，為什麼每次明明在訪問他，最後都提到曾紀恩的名字。我想這也難免，從美和青少棒、美和青棒、空軍虎風棒球隊、兄弟業餘再到職棒隊，江仲豪一直跟著曾紀恩，兩個人的名字始終連在一起。

「父」幫「子」，「徒」助「師」

外界一直以「師徒」、「父子」來看待兩人關係。那麼在這麼多年同行的棒球路上，是「徒」助了「師」，或是「父」幫了「子」？其實是一筆很難算的帳。江仲豪能進美和的確是曾紀恩幫的忙，是他讓沒有機會入選國手的江仲豪進到美和校園；也是曾紀恩把江仲豪拉進了剛成立的兄弟棒球隊，一九八四年兄弟棒球隊成立是很轟動的一件大事，比其他甲組成棒隊高一倍以上的待遇、按比賽成績發放的獎金制度，在當時都引起極大話題。那時二十出頭的我，坐在台北市立棒球場看著業餘比賽，本壘後方常有一群歐里桑聚在那裡看球，他們都是看門道的球迷，每位選手從小到大如數家珍，伸長耳朵聽他們聊天是很大的樂趣，那時阿伯們的話題一直圍繞兄弟隊，印象很深的一句話是：「能拿那麼多錢，李居明半夜就跑去了！」江仲豪沒有半夜跑去，他是長考許久才決定穿上那件黃色球服，畢竟當時他已是合庫正式員工，手捧著鐵飯碗難免會多想一下。但曾紀恩找了他也算恩情一件。

是「父」幫了「子」，但「徒」也曾大大地助了「師」。一九八六年全國春季甲組聯賽兄弟飯店拿到第一，能投能打的江仲豪是最佳投手也是打擊王，接下來甲組成棒賽兄弟創下十四連勝，時序再往前推，空軍虎風擊敗名將如雲的陸軍棒球隊、再往前的美和連年冠軍，棒球雖然是團體運動，但少了江仲豪的曾紀恩率軍球隊，或許結果就會不同。不過很現實的是，到了成棒階段，江仲豪似乎就和國手二字絕緣了，要代表出去比賽的國手是用「選」的，比賽成績一直不差的江仲豪總是選輸別人。很多話當事人總不好說，反而是我這個外人來提供「答案」比較簡單：「因為你被歸類為曾紀恩那一派，而曾紀恩在棒協那些人眼中是非主流？」我問。

「是啊！」江仲豪回得有點無奈。

情，這個字總共十一筆畫，要寫容易，要一筆筆算很難，曾紀恩、江仲豪兩人究竟是誰幫了誰，再強大的電腦都無法演算出最後的結果。

更難算出的是，有天江仲豪會接下兄弟象總教練，這個當初曾紀恩也曾坐過的位置。

在台灣職棒開打的第一天，江仲豪就是教練了，只不過要兼球員（或是選手兼教練？）就是了。江仲豪形容那時他的工作內容很豐富，賽前拿教練棒打給選手接，比賽中要拿打擊棒準備，其他任務還有守外野、上場投球、站壘指導區，聽到這我不自覺說了句：「哇！你是工具人的先鋒喔！」江仲豪回給我一個苦笑。不過在很有限的上場、很有限的賽前練習時間壓縮下，仍有機會見到江仲豪在外野防守的身影，雖然離他巔峰已久，但那流暢的傳接動作還是令人讚嘆。後來在轉播大聯盟比賽見到Gerardo Parra，他在外野送球回內野的動作，總讓我想起江仲豪，儘管兩人所處的聯盟等級天差地遠。

職棒元年開始，江仲豪就在兄弟象隊的教練團裡了。（中華職業棒球大聯盟提供）

一九九五年兄弟球團宣佈了他們下一季的新任總教練，創隊元老江仲豪成為這職務的人選。只不過在總教練頭銜上還加了個「代」字，「代總教練」不是台灣首創，也不是兄弟獨有。會弄出這樣的名稱，究竟代表只是被視為過渡時期的人物，或是根本還沒受到信賴？只有老闆知道答案。不過在宣佈時，兄弟象的洪領隊倒也說得很白，他說要以一年時間評估江仲豪的表現，只要表現好一定會予以真除升任總教練。那時對自己何時真除的話題，江仲豪說了句名言：「職稱不重要，稱職才重要」。

江仲豪擔任兄弟象隊總教練時，正好遇到台灣職棒的黑暗時代，每場比賽要安排出賽名單都得傷透腦筋。（中華職業棒球大聯盟提供）

江仲豪想當一位稱職的總教練，其實是很有機會的，雖然兄弟象中斷了三連霸，但主力選手都還在，因此江仲豪是有信心的，只可惜包括他在內，沒有人料到台灣職棒黑暗期竟來得如此又急又快。

風雨飄搖的黑暗時代

究竟「打比賽不一定要贏」是從哪一場比賽、哪一隊開始？沒人說得準。但江仲豪在接總教練首年，陣中主力選手在台中被黑道挾持，是將此事搬上檯面的重要事件。在爆發這件事之前沒人講開，事後也沒人好好處理，留下的就是各隊教練、選手間的各自猜疑。身為球隊總教練的江仲豪排完每場先發名單，比賽還沒開打，他就在擔心「敵人就在本能寺內」。

有場比賽前，隊中管理跟他說：「外面有風聲，這一場比賽隊裡的洋將可能有問題！」聽到這個江仲豪頭都快炸了，如果因此不排，那麼主力四棒沒上場，外界是不是會解讀成總教練帶頭放水，排了，萬一真如傳言，那麼……

這就是江仲豪為難之處，也是那幾年各隊總教練為難之處。每天疑神疑鬼不說，還要面對來自球迷、現場觀眾的叫囂，某次球隊落後時，江仲豪忍不住和看台上大罵他放水的球迷對罵，這一幕我在脾氣更衝的徐生明身上見了不少次。你可能覺得「教練都是專家，難道看不出來選手在搞什麼鬼？」話是這麼說沒錯，但在「魔高一丈」的年代，事情可能沒有你想像的那麼容易。

有些人做了對不起棒球的事已讓人心風雨飄搖。更重擊江仲豪的是明星球員出走，中華職棒、那魯灣大惡鬥，以中職角度來看那是「漢賊不兩立」，主力先發離開不會被當做追求更好的待遇，而視為「叛徒」行為，今天回頭看那只是個「只有時代沒有是非」的選擇題。但毫無疑問的，吳復連、陳義信、洪一中這些人離開，傷的是球團的票房，害的是江仲豪要把比賽打好的企圖。

在各國職棒發展的歷史中，或多或少都曾發生過賭博放水、另一聯盟成立等等事件；但，有沒有人像台灣同時來的？那是一個無比黑暗而看不到盡頭的歲月，江仲豪像開著車走在黑燈瞎火的隧道中，不知何時才是盡頭，就因為永遠不知道，更說不定隧道就此崩塌了，所以車子也不用開太好，將就點能動就行了，那時的兄弟象的「教練團」只有江仲豪一人是全職的，李居明、黃廣琪、林百亨、張永昌這些教練都得兼選手，隨時要上場。

究竟是食材不好，還是師傅不會料理？沒人想要知道，也沒有人在意了，因為顧客一個個走了，連望一眼餐廳的招牌都不想。穿了一輩子球服，最後落得打球沒人看，心是很痛的，更痛的是打職棒的人的社會觀感，江仲豪用了個很可怕的形容：「像是得新冠肺炎。」大家避之唯恐不及，忘了這些被當成染上瘟疫的人，曾有一度是被捧在掌心上的國家民族英雄。

球隊戰績不佳、比賽沒人看，身為台灣人氣最高球隊總教練的江仲豪，那些年如何挺過每夜的壓力，只有他自己心裡清楚。江仲豪沒有給我答案，倒是看著對面的我，也算另類陪他渡過黑暗期的老友，同情似地說了句：「我們都很辛苦地走過來了！」

其實，辛不辛苦就看從哪個角度看，離開了永吉路的咖啡店，我們走在忠孝東路四段巷中，聊著聊著談到自己的小孩，無論如何至少把孩子都養大了，很是欣慰。說到兒子，江仲豪有點得意，我稱讚他兒子很不錯，江仲豪回了我一句：「不是很不錯，是很厲害！」

呵！我看著他心想，這個不被熟悉的總教練，若是哪天被介紹的用詞是：「這位是江奕昌的爸爸。」他應該不會介意，反而會很得意吧！

Chapter 13

李來發

教練就是以身作則！

人性無法控制。

～李來發

身為教練的哲學

我是一個很怕遲到的人，當然也討厭別人不準時。那天和李來發總教練約了早上七點半碰面，應該創下了和所有總教練訪談最早的時間，雖然是一大早，怕遲到的我提前十五分鐘到達，結果，李總已經坐在飯店大廳等我了。

和李總聊了一個多小時，先把最後一個問題放在文章開頭好了。我問李總：「在你四十年的教練生涯當中，你覺得身為一位教練最重要的一件事是什麼？」他頓了一下回答我：「以身作則！」教育百科網站上對「以身作則」這四字的解釋是：以自己的言行舉止做為他人的榜樣。所以他的不遲到也是一種多年來以身作則後的習慣養成嗎？是的，肯定是如此。這讓我想到一件事，以往他在帶中信鯨隊時，隊中的主力投手宋肇基，球技沒問題，麻煩的是集合老是比別人晚到，晚很多，李總當年說到宋投手這個行為，那種咬牙切齒的表情至今我依然清晰記得。

談到以身作則這四字，翻回他教練生涯，從三級棒球、業餘成棒、國家隊總教練再到最高級別的職業棒球，不論哪一個層級，做給選手看，似乎是他帶隊的準則。這個準則的最佳化顯現，是一九八三年奧運代表隊的訓練，那一年李來發和高英傑從日本職棒回來，儘管日職選手生涯成績不是很耀眼，兩年期間只留下七十四個打數而已，不過除了數字紀錄，在日本職棒七百多個日子裡，李來發是有相當收穫的，所以他和高英傑把日職所學的全數帶回台灣。

台灣曾五度參與過奧運棒球賽（含表演賽），這五隊之中我認為最強的當屬一九八四年那支，是的，我了解你會跟我辯拿下銀牌的一九九二年或是有王建民、曹錦輝的二〇〇四年那隊比較厲害，沒關係，反正這只是個人主觀看法而已，沒有標準答案。認為這隊超強的我，就很愛聽選手提當年事，杜福明跟我說那一年在左營集訓，每天被操到無法蹲著上廁所，睡上鋪的他根本爬不上床，只能硬擠在下鋪沒兩下

李來發給人一種粗獷士官長的印象，照片為擔任和信鯨總教練時期。（中華職業棒球大聯盟提供）

就打鼾了；而李居明則說為了練好滑壘，褲子都不知磨破了幾件。

培訓國手的左訓中心位於高雄左營軍區，依當年選手們的回憶，他們被操的程度絕對比海軍陸戰隊嚴上數倍，而負責把選手操到爆的魔鬼班長就是李來發，巧的是李來發當年入伍的軍種就是海軍陸戰隊，不過此時在左訓中心帶操的李來發並不是像電影演的那般，只站在旁邊喊聲而已，每個動作他都先親自示範一遍，接著跟著選手再來一次，他是這麼跟我說的，但我想再確認一次：「每個動作都做一次？」

「是啊！因為我那時還很少年，呵！」

李來發回答時的表情感覺像重回三十幾年前那年輕無比的歲月，更像他剛才從左營操完選手後來赴我的約。

我一直以為李來發操選手只是集訓一個過程而已，但深問後才了解那是他教練的哲學，這很值得特別寫一下。李來發說到棒球訓練分成三大塊，即打擊、守備還有體能。一般人都愛練打擊，因為有趣又有成就感，打擊好也容易被看見，更直接地說，打得好，在職業層級是薪水往上調的重要依據；而練守備是單調、枯燥的，會把心力放在此的球員並不多；那體能呢？喜歡強化體能的球員，我相信一定有，但要很認真很認真地去找才能挖得出來。

但沒人想練的體能卻是李來發最重視的。更直接的說法是，組成有競爭力球隊的過程中，李來發訓練的順序是體能、守備，再來才是打擊。聽起來有點違反棒球運動的本質，棒球比賽是比誰得分多的，如果不重打擊得不了分，那麼如何贏球？我沒來得及質疑李來發，因為他自己做了解釋：「我的觀念是打『速度野球』，如果有速度，守備跑壘都能強過別人，速度的底在體能，應該說棒球訓練的基礎在體能，體能好了再強化其他項目就容易，打擊當然也要練，但打擊是很吃天份的，很殘酷的是，打擊率一成的人，常常怎麼練都還是停在那裡。」

李來發相當以能連續參與三屆奧運教練團為傲，一九九二年那屆他還是執行總教練，結果我們都知道李來發帶領球隊拿下了舉國歡騰的奧運銀牌。但如果光是練體能那套就可以在奧運拿牌，是說什麼都沒有人信的。

一塊奧運棒球獎牌是很多很多因素組合而成，關鍵之一就是採用執行教練制，簡單說就是把隊伍交給你，最後成敗都由總教練李來發來扛。和現今的代表隊可能在前一個月才開始組訓不同，為了一九九二年奧運，遠從一九八九年開始，李來發就帶著準國手們進駐左訓中心，執行長達三年的奪牌計畫。這些培訓隊員並沒有球迷熟悉的面孔，因為棒球好手都在一九九〇年選擇加入職棒，李來發手中可用之兵就只有被視為國家隊二軍的年輕球員了，投手有郭李建夫、林朝煌、黃文博；捕手是白昆弘、張正憲；內野手有黃忠義、王光熙、張耀騰、羅國璋；外野手則是陳威成、廖敏雄、張文宗等。這些選手現在聽來自然都是響叮噹的名字，但在當時只是無人聞問的菜鳥球員而已。

既是菜鳥，就表示球技及作戰經驗有不足之處，所以不是狂操體能就能馬上提升戰力，然而要從青澀的隊伍變成奪牌雄獅，得經過多少努力？直接問李來發最直接，但如果從當年選手的角度來看呢？有一次和黃忠義，國家隊當家二壘手聊起來，他記憶中一九八九到一九九二那三年時間是這樣度過的：「接內野滾地球練習不是用顆來算的，而是一籠一籠持續接，接到成為反射動作為止。那時李來發教練常帶我們出國打比賽磨經驗，美國、日本、中南美洲到處跑，一開始比賽只有打七局，因為我們都被提前結束，但慢慢可以把分數拉近打滿九局，有時還能先得分，最後贏對方的次數也有了。」

做給選手看是李來發擔任教練的準則。（中華職業棒球大聯盟提供）

這是一支從失敗中不斷成長的隊伍，看起來是只要花時間有耐心去等待收成就好，但事實上李來發要做的事更多。安撫球員心緒是其中之一，在不斷揮汗訓練、不斷比賽受挫之餘，要怎麼保持球員鬥志，讓他們相信有機會在奧運拿牌，或是別看到職棒打得熱鬧就心癢，這些都不是容易的，如今講起來好像幾個字就可以帶過，但那三、四年間對李來發而言很辛苦，至少「羅敏卿事件」、「陳一平行政干涉技術」對他都是很大的考驗，終究最後還是挺過去了。

回到技術面，九二年奧運中華隊以五勝二負戰績獲得預賽第三名晉級，接著交叉決賽首戰以五比二擊敗日本晉級冠軍戰。如果要挑一個中華隊能打到金牌戰的關鍵選手，十個有十一個人會選郭李建夫吧？沒錯，我也會選他，總教練李來發也清楚，他明白郭李是隊中的王牌，尤其那顆指叉球是極品，據說美國中心打者 Phil Nevin（一九九二年大聯盟選秀狀元），在比賽後段遇上郭李那顆指叉球後，讚嘆地說是自己棒球生涯中看過投得最好的。李來發了解這球的威力，但要由誰來接捕？當指叉球常提前落地時，捕手如果不能把球擋下，投手的壓力會異常大，再好的球威也使不出來，捕手出身的李來發很懂這個道理，所以練個在郭李對面接好球的捕手是很重要的，當時隊上有三位捕手人選：江泰權、張正憲及白昆弘。最後李來發挑了身材最不起眼的白昆弘。

黃忠義有他的回憶，白昆弘也有，他說：「李來發練我擋球是漸進方式由弱轉強，一開始是練擋球的觀念及基本動作，這花了一年時間，接著由人丟出球，再到教練用球棒揮擊過來，最後是投球機，每一球過來的速度、角度變化都不一樣，這也練了一年，最後一年就把動作重複一直做，三年下來每天練的量是家樂福購物車大小裝滿，至少有兩百到三百顆左右。」

每個人都有自己的回憶，但我此時卻想到一個和本文一點關係都沒有的趣事。九二年最後一場對古巴的金牌戰，先發林朝煌的球被古巴打者一棒巴出球場外的全壘打，多年後我跟林朝煌說：「你知道那球被打得有多遠嗎？」林朝煌回我的卻是：「你知道我那顆滑球投得有多好嗎？」呵！實在是太好笑了，林朝煌對不起，突然喊你出來。

能先想到捕手擋球重要性當然是超前佈署，還能超前看到別人見不到的，就有點神了，張耀騰和我說起，李來發曾在賽前精準地預測出最後比賽結果，那種能力讓他佩服不已，問李來發是否真有此事，他笑說：「比賽打得多看得多，就有第六感，聞得出來。」嗯！有點玄，但我相信，這很難用文字解釋。不過我更相信的是，李來發不是個憑空想像任何事情的人，他更重視的是資料收集。

看似粗獷，實則細膩

這件事我之前曾寫過，不妨再說一次，對眾多文具控而言，台北有三大文具行必逛，位於基隆路上的「明進文具行」是其中之一。某天我和往常一樣，走進店中，看著擺放架上的諸多精美紙筆，然後和達人級的老闆聊起筆記本的種種專業知識；但談著談著，老闆卻提到一個名字，在那時空環境下，你可能不太會聯想到的名字——李來發。

「李來發？」

我再確認一次有沒有聽錯。不但名字沒有錯，老闆還說李教練是這裡的常客，此外，他挑的筆記本通常都還是店中最高檔那一級產品。聽到此，我想到一個轉播的畫面：日本職棒比賽時，休息區裡監督以下的教練團排排站，一個PLAY、一個CASE之後，教練們不約而同地從後口袋拿出筆記本寫啊抄的，至少這個畫面浮現時，我認為是李來發買筆記本的功用之一。然後在數年後高雄的飯店中再重提此事，關於記筆記的習慣，他說的確如此，不止是比賽中，也是前後的每一段時間。

也或許是因為李來發很重收集資訊，當二〇〇六年李來發擔任中信鯨總教練期間，於棒球教室中眼見來自日本的職棒教練莊勝雄，透過電腦一一點出柳裕展、曾兆豪、謝承勳與沈鈺傑的投球動作優缺點，球員不但對莊勝雄十分折服，也更了解自己的投球問題出在哪裡，又該如何改進與修正。李來發甚為感慨地說了句經典名言：「不要別人上太空，我們還在殺豬公！」

李來發始終給人一種粗獷如士官長般的印象，尤其在面對媒體時那種寡言惜字更加深了這樣的印象，事實上他心細得很，能做的也不僅是帶兵打仗而已，台灣重回國際棒壇他陪著當時的棒協理事長嚴孝章和各國人士交陪，中信鯨隊創隊從組織規畫、預算評估到獎金制度的考核，都是他一手打理的（編按：中信鯨隊一九九七年加入職棒時以和信鯨隊為隊名，二〇〇二年才改為中信鯨）。

這樣的人進入職棒帶隊，成績卻不如預期理想。雖然我一直覺得不論他在中信鯨帶隊成績如何，或目前在高苑有沒有拿全國冠軍，台灣棒球迷都應該跟他致謝，光是那塊奧運獎牌就夠了。但現實是，中信鯨在他任內沒有拿過總冠軍（其他人也沒有），很讓鯨迷及球團失望，究其原因很多，但李來發總結了一句耐人尋味的話：「無法控制人性」，的確如此，人可以一天數小時不停操練，練成反射動作，練到可以挑戰一切，但身體可以練，人心卻不能練。

在職棒沒有成為冠軍教頭，李來發不遺憾，應該吧！他現在的成就在高苑這些孩子身上，有人到美國、有人在中職，尤其像廖健富這樣，不但有一定的成績，還因打職棒後幫助家裡脫貧脫困，這是最棒的事了。

老實說，如果不是李來發總教練另有要事，我很想和他多聊聊，這個人的棒球故事實在是太多太多了，但殘念的是李總得離開，僅僅只留給我一個多小時的對談，就得和他握手道別。望著他離去的背影，再度和剛碰面時一樣的「驚豔」，六十好幾的人身形竟能保持這麼好，直挺挺地走著，讓我想起像什麼來著？對了！像一位軍人、從左營軍區走出來的軍人。這種身形是四十年來身為教練，一直「以身作則」後的附加價值嗎？有可能喔！

Chapter 14

鄭昆吉

我打棒球是為了找好工作

我的好處是會低頭請教別人。

～鄭昆吉

「Tei San」

我這一生遇過很多總教練，未來應該也會不少。但無論數量如何，鄭昆吉總教練對我而言，永遠是個特殊的存在，不僅因為他是我採訪認識的第一位「總仔」，更因為他獨特的個人特質，總是開朗的笑容。

我在二〇〇〇年左右做了不少棒球耆老的口述歷史，包括蕭長滾、蘇正生、陳潤波等，無論是按輩分或年齡來看，時值壯年的鄭昆吉都不會成為受訪者名單之一，但正巧二〇〇一年我人在高雄轉播世界盃棒球賽，就約了我一直稱他為「Tei San」的鄭昆吉做了口述棒球，沒想到那杯咖啡喝完後，我們就此沒再見面，一年後他因肺癌病逝於台南家中，享年六十，人生啊！永遠不知當你說再見時，就真的不會再見了。

二〇〇一年鄭昆吉的口述歷史還是用古老錄音帶的方式收錄，我一直沒有去整理它，在撰寫這一系列總教練文章時，才憶起要把它好好轉成文字，錄音帶保存得很好，但現今要找一台能播放的機器卻很難，幸好兒子在跳蚤市場買了一台老機器，雖然古舊但仍堪用。

帶子轉動播放出「Tei San」那沙啞低沈的聲音時，彷彿他依然在高雄咖啡廳裡，就坐在我正前方說出這一切，要用「感慨」兩字來形容嗎？也許吧！聽著聲音記錄著文字，突然讓我想起七等生的小說《沙河悲歌》，「Tei San」的人生故事和《沙河悲歌》主人翁相去甚遠，他也非悲劇人物；只是，當「Tei San」回述這一生棒球路時，還是讓我強烈感受到那個時代背景下，挑戰命運的艱困，當「Tei San」說小學畢業要去當囝仔工（童工），一做就是兩年，緊接著想打球純是為了找好工作改善家裡收入時，他說得輕描淡寫，我聽得卻是澎湃不已。我明白現今有些孩子打球也是為了有好將來，但在「Tei San」那個夜晚仍需要補破球的歲月，找份好收入的工作，它所代表的意義是非常不同的。

當然，我一定會問到他身為統一獅史上首位總教練這一段，當初沒有想這麼多，如今反而成為本系列的重點，從「Tei San」回憶中，我們可以想像職棒草創時期令人難以置信的人事物，但這都是事實，因為我就在旁邊。

還有，我該好好稱「Tei San」為一聲「鄭總」，以下就是鄭總的口述歷史。

鄭昆吉口述歷史

民國四十四年我在高雄鼓岩國小五年級的時候，看人家打棒球好像很有趣，很好玩的樣子，我就報名加入了棒球隊。剛參加棒球隊時，一開始並不是捕手而是三壘手，印象中是每天練球，那時台灣經濟很不好，偶爾下午練完球有點心可以吃，大家就很高興。雖然天天練也有學校老師在教如何打，但都不是很專業的棒球教練，到後來蕭長滾教練來義務幫忙，才比較有些入門的技術指導。

記憶中那時高雄有棒球隊的學校不少，除了我們鼓岩之外，還有大同、三民、前金等小學都有隊伍，那個時候少棒比賽最大的是在台北新公園（現二二八公園）的「全省兒童杯少棒賽」，光是南部就有好多球隊參加，很熱鬧的。

鄭昆吉是統一獅隊創隊總教練，並率統一拿下職棒史上第一勝。（中華職業棒球大聯盟提供）

照說小學畢業就該去唸中學，但因為家境很不好，所以在外頭做囝仔工（童工）貼補家用，這一做就是兩年，然後再去讀國中。雖然晚了兩年，不過我到了國中之後還是繼續在打球，可能是大別人兩歲的關係吧！從中學開始就打得很好，尤其揮擊的能力，那時候我們校長姓曾，很支持棒球隊，教練也是專業的林老師，他是日本回來的老師。

不過我們那時打的只是準硬式棒球，還不是硬式棒球，以前分級很清楚就是從軟式、準硬式再來硬式一級級上去，不是才剛學打棒球就馬上從硬式開始。然後林教練指導我們非常多的基本動作，一直重複做，我覺得這真的很重要，打下很好的基礎。

國中畢業後，應該是在這個階段打得還不錯，尤其國中就開始當捕手，被很多人注意到我的臂力很強，所以很多有棒球隊的高中都來找，有高雄的三信還有台南六信等，那時候大家都愛看球，球隊成績好的學校對招生也有幫助，所以好手大家都搶。最後決定唸南英，會這樣選還是和家裡有關，我爸爸是碼頭工人，很辛苦但收入有限，所以我想高中畢業後能趕快幫家裡忙，南英是有棒球傳統的學校，畢業的棒球隊校友很多，而且也在合庫、台電上班，還有銀行等，如果我去南英畢業後，可以去這些地方上班、出路很好，所以就選南英。

在南英是一段很難忘的日子，教練是日本回台的老師，聽說有打過早稻田大學，他帶隊完全是日式風格，我們住校早上五點半就起床，開始跑步教練就騎腳踏車跟在後頭，來回大概跑了十幾公里，回到校園跟總統還有國父銅像敬禮之後才能結束。接著是基本動作訓練，到了下午才是專項的技術練習。

幾件事記得很清楚，每次練習前就要提早把球場線畫好，然後練球時不能嘻嘻哈哈一定要嚴肅，教練強調笑是比賽結束贏球才來笑，還有練習過程中不能喝水，最多是含檸檬片沾鹽巴來止渴。那時全隊二十一個人，大家都很認真，絕對不會有人喊說不練了。如果表現不好，教練就直接拿球棒打屁股，被打到都快屁股開花了，雖然這樣但沒有人會退隊，而且還有很多人進不來。教練其實是很疼我們的，那時經濟不好，但教練有時會買人參片要我們含著補一下身體。最後是在南英時教練非常要求外在精神及形象要好，要我們要做到「三光」就是理光頭、皮帶扣環、鞋子要擦光（亮）。不能太隨便的。

那時南英棒球隊只有一位教練在帶，不過畢業的學長寒暑假會回來幫忙教，而且還會帶水果來給我們，像李憲宗學長已經在華南銀行上班，回來看我們學弟時，我好羨慕他，就立下目標要好好打，以後像他一樣有個好工作。

南英學長們真的很照顧學弟，這是傳統，我們是很嚴格的學長學弟制，雖然學長在校對學弟很兇，但我覺得這是很好的傳統，所以我當學長後也很兇的，但只要我們畢業後就很照顧後輩。當時高中比賽並不多，不過全國中等學校棒球賽是大比賽，好球隊像開南、南英、三信、六信都會打，有時我們為了參賽會遠征去台北，只要我們去台北，那裡的校友就在前幾天募款，你一百我一百的湊錢送到我們住的旅舍來給我們加菜，真的很感動。

南英畢業後合庫還有台電都在找我去，是因為我的打擊而受到注意，我在高一就打三番，因為我擊球時的力道還有腰轉身都比別人好，又當捕手觀看比賽的角度也較全面，雖然打擊靠天份，守備要一直練，但我的打擊在高中進步很多。最後選擇去高雄台電，台電給我一個月七百元的薪水，在民國五十三年時是很好的待遇，而且在公家機關很穩定。

台電同時有三支棒球隊，新竹、嘉義還有高雄三個區處各一支。要成為台電棒球隊參加對外比賽，得內部三支球隊先打過後再組聯隊，尤其高電和嘉電實力相當，一直都很拚，競爭激烈，要入選不容易。全國比賽台電棒球隊主要對手是合庫，不過對我們來說，最重要的比賽反而是經濟部運動會，因為拿冠軍可以職位升等，那時主要對手是中油棒球隊，碰上他們就非贏不可。

在台電兩年後就去當兵，加入陸軍棒球隊，當時三軍都各有球隊，空軍是曾紀恩教官在帶，不過陣容最強的還是陸軍，雖然一樣是打棒球，但軍人身分還是不同的。記得那時陸軍總司令曾對我們訓話，雖然他不懂棒球，但對我們說的話記得很清楚。他說軍人打仗沒有第二名的，我們是軍人一定要贏。還有下雨也是要打仗，所以我們下雨天還是會操練，他講這些話我記得很清楚。還有，我怕退伍回去沒工作，所以遇上台電時，我都特別認真打也打得特別好，希望他們留下好印象，哈哈哈。

退伍後順利回到台電繼續打球，那時總教練是宋宦勳教練（味全龍首任總教練），我們都是下午在立德球場練球，早上則要上班，不過上班前我都會去壽山公園跑步。那時立德球場附近有很高的椰子樹，有時球打到上面還得拿竹竿去撈下來；另外，球破了晚上回家還要想辦法補起來，即使想睡覺也要把球補好再說。講起來台電不是沒有錢，但我覺得宋教練是

率領統一期間，曾面對八連敗，也拿過總冠軍。鄭昆吉自認很會訓練選手，但不擅長帶兵。（中華職業棒球大聯盟提供）

希望我們不要浪費，要懂得珍惜球具。

雖然台電是公家機關可以編預算買球，但個人用品還是得自掏腰包，我記得那時一個捕手手套花了我半個月薪水，但沒辦法，為了把球打好，錢都得花。不過那時一支要兩三千很貴的木棒，有時可以額外拿到，我們和駐台的美軍常會打友誼賽，就利用這個機會跟美國人要幾支木棒回去。

經濟不是很好時，訓練也很辛苦，因為球不太夠，大家都只有空揮而已，不過隊友彼此間都會互相研究技巧也互相鼓勵，像杜勝三是我們南英的，也一起在台電打球所以我們就常在一塊，有時還會賭一下，誰打得比對方差就要請吃甘蔗。那時還會拿日本的《週刊棒球》雜誌，請很懂日文的宋教練翻譯給我們聽，希望球技能更進步一點。

民國五十年代棒球是很正面的，有很多不同的比賽，像銀行公會比賽，中華日報也辦比賽，還有全國大比賽，有些企業也成立球隊建立形象還有宣傳，因為比賽過程、結果報紙都會登。那時球迷很熱情，平常在台南或高雄練習就有人在旁邊看，正式比賽下午兩點開打，中午就有人帶飯糰去吃等比賽。我們和球迷間沒什麼距離感，大家互動也很好，有一次我打完比賽，有個女球迷就衝過來抱我親了一下，我嚇了一大跳，正好那場球我剛結婚的太太也有去，看到還跟我說：「我是不是嫁錯人了？」哈哈。那時觀眾真的很好，即使我們打不好也都一直鼓勵，不像後來職棒有人動不動就亂丟東西進場內，還有丟椅子的，不知道是從哪裡學來的？

不過那時唯一不理想的是比賽場地，每個場地都不太好，平常都沒有人整理，到比賽時大家才想辦法把它弄平整一點，很克難，不過有球打就好。

從退伍到回台電，我球技愈來愈好，常在比賽中打得好成績，也拿到不少打擊獎的獎杯，就只有杯子而已沒什麼其他鼓勵，這些東西可惜搬家時都不見了。打得好之後也有想當國手的念頭，雖然我一開始打棒球的目的就是能就業，有好工作幫助家裡，不過那時可以出國的機會就只有當國手，所以也有當國手的夢想。要成為國手，在捕手這個位置最大的競爭者就是合庫的何景山，我們兩個做比較的話，我打擊還有臂力比他強，他的配球比我好，各有優缺點，不過碰到彼此比賽時都想壓過對方，最後是良性競爭下兩個人都入選國手。

我是民國五十六年在東京舉辦的第七屆亞洲盃成為正式國手，前一屆只是候補而已。終於可以出國了，等要辦出國手續時，我爸爸才知道原來我棒球打得這麼好。到了日本一切都新鮮，好像鄉下人進城，協會有安排我們去多摩川看巨人隊訓練，那時才第一次看到投球機，真的很驚訝，然後也看到王貞治先生，他非常有禮貌，對我們台灣去的很熱情，而且我們在旁邊看他練習打了好多好多顆，練習量很嚇人。

我當國手一直到三十出頭才退下來，在國手退下來前，在國家隊還接過高英傑的球，那時他應該只有十七八歲吧！球超快的，對古巴高英傑主投前幾局我們還領先喔！當時出國和其他國家比賽，我感覺我們不會差別人太多，只是我們環境還有比賽經驗比不上別人而已。

從國手退下來不久，我三十四歲就接台電總教練，後來還有機會成為國家隊教練團一員，一九七六那年北體得冠軍，他們有高英傑、李來發、蕭文勝等選手，實力很強，所以國家隊總教練就由北體林敏政先生擔任，另外一個教練就是我，全部就兩個教練，我們先去美國、尼加拉瓜打熱身賽，接著再去哥倫比亞打正式的世界盃，第一次當國家隊教練，回想起來有點迷迷糊糊，唯一記得的就是，每次飛機都坐好久。

教練退下來我還當過高雄裁判長，以前年代沒有考裁判這種事，誰有興趣誰就去站，不過之前在台電隊，隊上規定教練選手都要上規則課，所以規則方面都還清楚；當裁判之外還做過選訓委員。原本以為就是這樣，準備等到台電退休，沒想到職棒成立，卻找我去接總教練。

我有聽說本來是要林家祥，不過被他拒絕了。後來是林敏政跟洪老闆推薦我的，應該因為我們都是同年次，然後一起帶過國家隊，對我比較了解的關係。洪董就約我去台北國賓飯店吃飯，我本來是不可能會接的，因為目前工作很穩定而且快要退休了，另外是完全不懂職棒是什麼，但基於禮貌還是赴約了，那天同桌的還有曾紀恩教官。

想說就這樣，應該不會再找我了，沒想到洪董又跑去我家和太太談，很有誠意的一個人。最後禁不起洪董的再三拜託，就接了統一的總教練。

剛開始的統一隊很辛苦，要從業餘打起再升級，但球隊教練只有我一個，選手也只有十四個，人不夠就到處借，最後兄弟隊借了我們兩人，然後我自己也兼選手才夠報名，有一場對北體比賽我還上場代打。球隊練習場地也是到處借，要做重量訓練不但要到處去找場地，還跟人家拿二手的器材來練，很辛苦的。職棒後第一年就要打一百場，大家都沒經驗，拿到賽程就去請教打過日本職棒的李來發和高英傑要怎麼樣訓練、怎麼樣比賽才好，就是到處問，連王貞治來台灣時也是趕快問他，我從小書就唸不好，不過我的好處是會低頭請教別人，也很會做筆記，有算是補到書沒唸好的部份。

職棒開幕戰我們贏了兄弟，大家都開心得不得了，但沒想到接下來就連敗了八場，那時候壓力真的很大，因為早期職棒票房分潤是按輸贏來決定，贏的拿百分之五十五，輸的百分之四十五，所以比賽輸掉也代表球隊會少賺。輸到第八場結束，有個記者問我：「你們還會再輸幾場？」哪有這樣問人的，當場差一點哭出來。

壓力一直在身上，有一場比賽裁判誤判，我實在忍不住了就推了主審周文宗一把，然後就被他趕出場，我邊走還邊罵三字經，我從選手再到教練，在場上脾氣一直都不好，雖然如此，我對裁判是絕對服從的，但這次真的氣壞了就失控。沒想到第二天搭飛機要回台南，在機場碰到林蒼生董事長，他說前一天比賽他有看到，林董跟我說要理直氣和不是理直氣壯，受委屈沒關係，比賽要發揮鱷魚精神緊咬不放才是，這些話我一直記得。

到了第二年統一就拿冠軍，老實說，論實力我們是打不贏味全的，但最後冠軍是我們有點意外，棒球就是這樣吧！也應該是冠軍來得比想像早，後來球隊沒有再進步，我也就離開職棒。回想起來我不是個總教練人才，我很會訓練選手，但帶兵就不行，不過能有機會當總教練是難得的經驗，學到之前沒碰過的技術面，也看到人情冷暖的一面，這是我的感想。

Chapter 15

宋宦勳

我帶過的球隊都拿冠軍

棒球懂多少和你是那一國人沒有關係
就看你用不用功而已。

～宋宦勳

來去唱卡拉ＯＫ

回憶起宋總教練，第一個想到的並不是他球場帶隊的樣子，而是「卡拉ＯＫ」。那一年我去高雄找他做口述棒球史，之前我並不是主跑味全龍，但他對我依然很有印象，那時宋總教練已從職棒退下來好長一段日子了，卻從沒忘記我的名字。

宋總教練記性好得很，從小時候美濃的點滴到雄中的回憶，宋總教練展現驚人的記憶，這項優點或許沒有幫助他的打擊太多，但我相信身為棒球人中極少數的雄中畢業生，好記性肯定對他學業有極佳的助益。然後他就在訪談當中不斷強調：「我們以前要會唸書才能打棒球……」

這是篇很值得一讀再讀的口述史，亦符合本系列關於職棒教練學的訴求，整個口述回憶中，我對宋總教練關於「台日棒球」那段特別有感，尤其當他說：「棒球懂多少和你是那一國人沒有關係，就看你用不用功而已。」我簡直要起立為他鼓掌了。

印象中我和宋總教練聊了兩個多小時，當我把錄音機收起，準備揮手向宋總教練告別時，他說了句：「文誠，我們去樓下唱卡拉ＯＫ吧！」啥米！我驚了一下，宋總教練怕我沒聽到再說了一遍：「來去唱卡拉ＯＫ啦！我唱歌很好聽喔！」我是沒有懷疑他的唱功，但懷疑的是我自己啊！我寧願去跑二二六也不要去唱歌，當然那時也不知道什麼是二二六，總之，我是寧死不從的，我一直說改天，宋總教練一直說來啦！來啦！最後還拉著我的手。

這就是回憶起宋總教練，第一個想到的並不是他在球場帶隊的樣子，而是「卡拉ＯＫ」。

最後我沒有死也沒有拿麥虐待別人，忘了找什麼理由，總之是脫困了，但這也是此生最後一次見到宋總教練了，很遺憾，因為從宋總教練在職棒期間，到這兩個多小時的相處間，我一直後悔沒說出的一句話是：「你也待過我爸爸的球隊喔！」太遺憾了。

以下就是宋總教練的口述歷史。

宋宦勳口述歷史

我是高雄美濃人，在日據時代美濃屬於旗山區，之前是屬於旗山群。我們美濃一直是個棒球風氣很盛的地區，甚至整個旗山地區，在日據時代棒球運動都很風行，少棒隊就有十幾隊，也有大人的成棒隊，還有學校老師也組隊打棒球。

因為一直是棒球風氣盛的地方，所以小學五、六年級就參加了少棒隊，我想打棒球一方面是興趣，另一方面是因為想練身體，日據時代身體健康很重要，不是光會唸書就好了，而

宋宦勳是職棒元年味全龍隊總教練，當年即帶領味全龍拿下總冠軍。（中華職業棒球大聯盟提供）

且考試都是會考體能方面的項目，像五百、一千、一千五百公尺的跑步，還有吊單槓，連校長口試時都要看你的動作，看你向左轉或右轉時的精神，所以為了身體健康還有升學的理由，我幾乎什麼運動都參與，網球、桌球、田徑，連相撲我都是代表隊，只有沒打過籃球，因為台灣沒有人打籃球嘛！小學就讀時雖然是日據時代，不過我少棒時並沒有和日本人打過比賽，因為日本人和台灣人分得很清楚，台灣人只能唸都是台灣人的國民學校，這是殖民政策很徹底下的結果，之後中學也是如此，台灣人要很優秀的才能考取中學，而日本人卻是很簡單就能進去了。

我中學是唸最難考的雄中，那時台

灣人能考進去的真的不多，差不多三個年級加起來只有二十位左右。日據時代的中學學制是一個年級要唸三個學期，我唸了兩學期，結果美軍就開始空襲台灣了，美國一丟炸彈也改變了我們的學生生活，因為學校規定一、二年級全部放假，三年級要被徵召去當學生兵。

結果這一「放假」就休息了一年多，因為一年後台灣也光復了，可是在復學後還是經過一段過渡時期，因為大陸的老師還沒來，台灣的老師不多，請來的又是講閩南語的，我是客家人，而且光復前都是講日語為主，所以根本就聽不懂老師在說什麼，所以就沒有去上課，這種情況一直到大陸老師來了之後才慢慢改善。

宋宦勳認為當教練一定要時時充實自己。（中華職業棒球大聯盟提供）

回到我打棒球的事，小學就打棒球的我，大概是運動神經發達，所以打兩年就拿冠軍了，後來進了雄中，開始並沒有打棒球，因為二次大戰期間美日交戰，棒球被日本視為敵國的事物，所以棒球是被禁止的。

光復後，日本人準備回去，台籍學生也陸續回到學校，一切活動也慢慢恢復正常，那時學校規定下午三點還沒降旗前要參加課外活動，桌球、田徑、棒球、網球、拳擊，連籃球也都有了，每位學生都要參加一種活動。

有一天並不是下午三點的課外活動時間，我一個人無聊到體育場丟球，結果被我們學長看到，他看我投球的姿勢不錯，就叫我進棒球隊。

雖然那時已經是台灣光復了，但高雄中學還延續日據時代的學長制，而且是很嚴厲的學長制，學長講的話不管有沒有道理，就是跟命令差不多，所以學長看我球丟得不錯，叫我去棒球隊我哪敢不從，而且那位學長之前很會揍學弟，所以我只能乖乖地聽從，而且他還叫我去練投手，我以前是當捕手的，根本沒投過球，但學長說了我連說一個不字都不敢。

雖然是學校的棒球代表隊，但那時的雄中並沒有很正式的棒球教練，大家都是自己練的，沒有教練教的時候要把球打得好，除了自己的天份之外，也要靠苦練。不止是中學時代，早期的台灣棒球連成棒我都覺得缺乏好的教練，所以選手技術要比別人好就得自己練得比別人多，以我來說在台電隊的時候，每天晚上都在家裡揮棒，差不多每晚揮一兩百下，有人說打擊要靠打擊的球感，可是不練習球感又從哪裡來呢？

雄中那幾年，我的棒球已經打得相當好，因此也累積了相當的知名度，而且又是當投手的，所以是很熱門的一位球員，那時台灣棒球界好的選手幾乎都會被銀行的球隊挖走，因為福利好待遇佳，所以沒有人不想進銀行球隊，當我從雄中畢業時，大家也以為我會進銀行球隊，但最後卻是選擇台電隊，而且一當就是十五年選手，會做這樣的選擇也和我強烈服從學長制有關。

我是雄中二十三期的畢業生，而那時候台電棒球隊的管理是我們雄中的校友，不過是很前輩的第四期，兩個人差了二十幾歲所以我根本不可能認識他，但他還是經由別人介紹來找我，他一碰到我就說：「我認識你，但你一定不認識我，我是你雄中第四期的學長。」我覺得他很聰明，一來就表明他是我的學長，因為他知道我們雄中畢業的人最服從學長，對於他希望我加入台電隊的要求也就不敢拒絕，因此就很爽快的答應進到台電。

我進台電是以投手身分被找進去的，可是才投一年就不行了，手因為受傷不得不退出投手板，改守一壘，從此以後守備位置雖然不是很重要，但我還是年年入選省運的高雄市代表隊，而且還是第一、二屆亞洲盃國手，為什麼？因為我打擊太好了嘛！經常打三、四棒不說，有一次入選到菲律賓比賽的國手，我的手因傷痛到連傳球都沒辦法，但還是靠能打入選。

我打擊會好，第一個原因是我的眼睛很好，所以當選手眼力很重要；第二是之前講過的，每天晚上自己悶著頭苦練揮棒；第三是心理建設，我有個前輩告訴我，上場打擊的時候如果觀眾多你就把那些觀眾當做一個個大西瓜，不要想那些人的存在，而面對投手時你也一定要想那個投手是比你差上好幾倍的選手，這樣一來你就什麼都不怕，所以我每次比賽都照著做，對我打擊的確有幫助。

我二十歲進台電，照台電的規定選手打到三十歲就必須退休，可是等到我三十歲要退休時，經理卻不讓我退休，說我還能打，因此我又多打了五年，直到三十五歲才終於從選手位置上退下來。本來以為退休就退休，從此和棒球沒有關係了，沒想到全隊卻聯名建議總公司請我當教練，我本來是不想接的，因為那時我的小孩已經唸小學了，畢業要準備唸中學，為了小孩，為了我自己的前途打算，一直在球場上總不是辦法，所以就拒絕了全隊聯名的好意，可是我們隊裡的管理，就是介紹我進台電的那位管理，對我說台電已經二十四年沒有拿全國冠軍了，希望我能接教練，看能不能在他退休時拿個全國冠軍給他當禮物，聽他這麼說我也不忍拒絕，結果我一接台電教練兩年就拿了八次冠軍。

宋宦勳接下味全龍隊總教練時，其實一個球員也不認識。（中華職業棒球大聯盟提供）

我以前當選手都是自己練，可是當了教練之後，我不希望底下的球員像我以前一樣，因為沒有辦法從教練那裡獲得棒球知識而自我摸索，所以我下定決心要充實自己的棒球專業素養，我之所以會這麼想，和我去參加菲律賓亞洲盃的經驗有關。

我們那時候去參加菲律賓的兩次亞洲盃（一、二屆亞洲盃），都是和日本分在一組，而韓國隊則是和地主隊分在一起，會這麼分我想可能是日韓兩國彼此仇視，互相看不順眼，為了避免不必要的紛爭就讓兩隊分開，而且台灣隊的選手又大都會講日文，因此台灣和日本隊就在同一組。

我們和日本隊分在一起時，除了比賽同組外，平常也住在一起，所以啦！什麼吃飯、活動就常碰面，久了彼此就熟了，有一天也許是出自好意，日本教練跑來我們這裡指導我們的打擊，他要我們一個個在他面前揮棒給他看，然後再一個個去糾正。雖然全隊只有我沒有被糾正，他看了我的空揮之後就說：「你很好，你不必改了。」雖然他這麼說，可是我心裡還是很難過，或許日本教練是出於一番好意，可是他並沒有考慮到我們教練的感受，自己的選手姿勢不對還要別人去教，那不是很丟臉是什麼？所以我當教練就不希望再有這種事發生。

我以前當選手時，只要自己打好就可以，從沒有想過其他，可是做教練不一樣。要當好教練不是空想就可以，要學別人、要看最新的知識，剛好那時候我們高電的經理和美國新聞處的處長很好，加上他雖然是留學法國的，卻很喜歡棒球，所以我就常向他跟美國新聞處去訂日本週刊棒球那些比較進步的棒球書籍來研究。

所以當一位教練不是以前人家跟你講什麼你就原封不動教給球員，也不是隨便亂教，而是要隨時充實自己，像我最早就會用複式暗號下達給選手執行戰術，而那時台灣根本沒有幾個教練懂這些。

我再舉一個實例，職棒元年總冠軍賽味全對三商，第一場比賽味全在第一局就得一分，一直領先到第八局，結果第九局鷹俠打一支全壘打，把我們領先的分數追平，而且接著還造成沒有出局滿壘的局面，那時候很多人一定想味全輸定了，這時我就暫停出去集合全隊，我告訴投手無論如何都不能投保送，因為這種比賽誰再得一分誰一定贏，所以我要求投手不能投保送，保送就白白掉一分，然後我讓內野全部往前守備，再要求投手投外角低球，如果打者不打是好球，打了就可能是內野滾地球，剛好步入我們的陷阱，那是我當時的戰術想法，結果打者涂忠男真的面對外角低球打成一壘方向的滾地球，一壘手接球後傳本壘封殺一出局，再回傳一壘完成一次雙殺守備。

我要講的重點倒不是在這裡，而是棒球作戰千變萬化，如果我是對方的教練我不會白白被雙殺而一分未得，那時候龍隊內野都是趨前守備，所以二壘及游擊手根本顧不到二壘跑者，因此一開始他的離壘距離就可以拉得很遠，當涂忠男擊出一壘滾地球，我們一壘手接到球傳本壘，捕手再將球傳回一壘完成雙殺，這時間當中，原先二壘跑者由於離壘距離大就可以利用機會冒險往回衝，時間上應該來得及，而且在那樣緊張的局面下，龍隊的一壘手也未必能反應過來，或許就能得分，整個戰況也說不定會改觀。

我再舉一個例子，那時候時報鷹和日本廣島隊合作，請他們的教練來台灣指導，我也好心去幫忙，因為我會日語，所以每天早上我就去飯店接他們，久了他們還以為我只是一個普通的司機，不知道我是什麼出身背景，有時就對我很不尊重，有一次我實在氣不過，就故意問他們：「你們都是日本有名的棒球教練，那請問跑者滑壘有幾種？」他們回答我有三種，我說是這樣嗎？應該有四種吧！而且還一一說明給他們聽，連英文的原始名稱都說給他們聽，那時他們才知道這個「司機」不是簡單的人物。

所以棒球懂多少和你是那一國人沒有關係，就看你用不用功而已，像我前面說的那個搶分的戰術，以前統一獅那個已經過世的引地教練有天碰到我，我講給他聽，他還佩服不已，所以當教練一定要時時充實自己，你看我當教練從台電、美和，而且我還是美和第一個總教練，比曾紀恩都早，那時美和廖博士要組球隊，經由人介紹我，他告訴我說我們都是客家人，希望我能和他一起為客家爭光，這種理由我當然就答應了，所以就成為美和隊第一任總教練，之後又接過七賢青少棒，然後是味全龍隊。接味全是徐生明來找我，那時職棒還有二十幾天就要開打，球員我一個也不認識，但我照樣敢接，為什麼？只要肚子裡有東西有什麼好怕的？所以你看我過去當過各級的球隊，可以去查查資料，不是我吹牛，有哪一支球隊在我手下沒拿過冠軍的？

所以我覺得選手也好、教練也罷，都要知道自己在球場上扮演的是什麼角色，我在台電時曾經有連續二十八個打席都打不出安打，但我並不急，還是照常的去做練習，因為只要有練不亂，想安打就會再回來，所以當選手該練就要練，當教練則除了了解自己的球員外，也要時刻充實自己，這是我這麼多年在球場上的一點心得。

Chapter 16

王光輝

你好，我是王光輝！

問題不大。

～王光輝

王光輝的金句

我們都該憶起他的一切，專屬於王光輝的風趣、樂觀，還有渾然天成的言語幽默。

我準備好名片，略帶小緊張地去龍潭棒球場，那是在看這篇文章的多數人還年幼甚至未出生的一九九〇年，他見到我的第一句話是：「你好，我是王光輝！」這麼親切的一句話，完全消除了我的不安，雖然我心裡立馬OS：「全台灣誰不知道你是王光輝啊？」兄弟象隊有不少看臉就知道是誰的球星，但那刻只有他這麼主動自我介紹。自此之後，他那要笑不笑的表情，加上這句「你好，我是王光輝」，還有臉上那顆痣，成了他的註冊商標。

數十年下來，也不知道在公務或私下遇到過多少選手、教練，但不論於公於私，人與人相處就是要對話，現在的年輕球員真的很能表達自己，但早年的職業棒球選手不是這樣的，私下用台語噴口水時，什麼幹話都會說，可一旦受訪卻瞬間如便秘般擠不出話來，只有王光輝是少數例外，口才如果要分級的話，那麼拿下元年打擊王的王光輝，在這項指標上也絕對領先群雄，而且隨便來一句都經典，不僅自我介紹令人印象深刻而已。

在他引退的二〇〇四那年，我受邀撰寫《棒球驚嘆句》一書，名單當中有王光輝，那時我很困擾，別的選手要想很久才記得起說過哪些讓人印象深刻的話，但王光輝剛好相反，真的叫做信手捻來就一堆，最後書印出來呈現的就是別人只有一句，王光輝則是一大串，後來「台灣棒球維基館」在王光輝頁面上把部份內容轉貼了上去，我不妨在此再帶大家重回那些王光輝「語出驚人」的畫面，還有再說一次，那是專屬於王光輝渾然天成的言語幽默。

「下次不要和我硬拚！」

一九九四年九月二十九日，這一天我記得很清楚，因為生日所以印象很深。兄弟象和時報鷹之戰，時報鷹投手郭建成故意四壞球保送李居明，選擇對付下一棒王光輝，大概是覺得腳程不快的王光輝是雙殺的好對象，結果反而被他一棒掃出右外野三壘安打，賽後阿輝得意地說出這句話。

「這應該是職棒史上最短距離的二壘安打！」

一九九五年三月最後一天，兄弟象和統一獅，六局上半王光輝擊出一支原來在二壘上空的飛球，獅隊二壘手林克已經移動到位準備接球，突然一陣怪風吹至，最後林克不但接不到，球還滾遠了，王光輝一舉跑上二壘，接著下一棒又適時敲出致勝安打，賽後王光輝自覺實在是太 LUCKY 了，然後就講了這句。

「萬人迷」王光輝的魅力無可取代。（中華職業棒球大聯盟提供）

「再打不好就只能打第十棒了！」

沒有比這句話更能代表王光輝的天生幽默了，即便遇上打擊低潮，原本是不動四棒的王光輝在棒次上卻不斷被調動，面對媒體關心詢問下，還能如此回答實在是不容易。

「吃月餅可以增加長打能力！」

那一天是對三商虎隊的比賽，王光輝擊出他生平第一支滿貫全壘打，因此獲選為單場MVP，賽後發表感想時，王光輝反應很快地把自己的POWER和那天的節日連結在一起，因為吃了三、四個月餅所以力量都長出來了，真的是被棒球耽誤的脫口秀演員。

「金手套獎拿到了，可是減肥沒有成

功！」

這是唯一一句我認為是王光輝設計過的話，因為前一年許下的減肥及金手套獎兩個心願只成功了一個，所以在職棒六年的頒獎典禮上，他說了這一句，即便被我猜對是事先想到的語句，還是令人莞爾。

「站在三壘比較有打棒球的感覺！」

一九九七年，兄弟象的部份主力跳槽到那魯灣，不得不在陣容上有所調整，把向來守一壘的王光輝拉到三壘做機動性守備，面對如此新的任務及挑戰，王光輝還是用很樂觀的態度去面對。

「他們都不認為我會盜壘，所以讓我用走的上二壘！」

一九九八年四月二十九日對興農牛比賽，兄弟最後以七比五贏球，不過這場比賽最大的焦點是，王光輝居然單場兩次盜壘成功，賽後阿輝還不忘要調侃對方的捕手。

「我要以三百次盜壘成功為退休的目標！」

在某次媒體記者和林易增的訪談中，林易增談到退休的目標時，一旁的王光輝插嘴說他的想法一樣時，我們都笑了。這位被王俊郎說是每次跑壘雙手揮動比雙腳快的王光輝，也有如此雄心壯志，很難不令人發笑。

這是王光輝在不同場合面對媒體的金句，在球場上不止是象隊球員，其他球隊選手和他也像哥兒們，尤其守一壘的王光輝如果有跑者上去，那壘包位置根本就是交誼廳來著。有一次輔大體育系要開同學會，其中一位還是上到一壘後由王光輝把消息趁機會傳給他，任何人上一壘王光輝都能聊兩句，讓我想到前紅人隊球星的Sean Casey，也是守一壘，也是好好先生一位，還有，很能聊，所以他的外號是「市長」，如果不是已經有人用了這名號在先，王光輝被稱為「市長」同樣很貼切。

這位如果參選肯定能高票當選的球星，其實是很樸實的。有一回職棒雜誌辦了個釣魚比賽，時間點約莫在職棒二、三年，比賽那天我們工作人員等在現場準備迎接球星到來，結果王光輝比誰都早到，開了台我忘了是「祥瑞」還是其他廠牌，總之是一台小四輪就是了，那時對職棒球員還有很不切實際的想像，以為都該是雙B級座車才對，王光輝卻是小小車一台，少不更事的我很白目地問王光輝：「你開這麼小的車喔？」

猜他回我什麼？

阿輝說：「不是車小，是我太大隻了！」

又是王氏幽默一句。

我有時在想這種風趣、幽默是不是天生的？是老天送給原住民獨特的禮物。例如在棒球看台上幫小孩加油的原住民爸媽，你可以聽到因為太熱、太陽太大而說了這句：「你們這裡的燈開很大捏！」這老天的禮物有人藏起來，有人在不同場合發揮，而王光輝卻是屬於「淋漓盡致」型的，然而他外顯的不止是嘴上功夫，也帶著這份樂觀的天性走進球場中，相當程度抵住強大壓力。職棒元年打擊王之爭一直到最後一天才分出勝負，結果是王光輝擊敗了味全龍的馬斯，這是要很強的心臟才能脫穎而出的。另一件是一九九三年開幕戰，比賽地點在台北市立棒球場，交戰隊伍是票房保證兄弟象和味全龍，這還不夠，兩隊先發是黃平洋對決陳義信，天王對決加龍象大戰，最終焦點卻是王光輝，九局結束兩隊平手，十局下半，王光輝還沒有走進打擊區，兄弟象迷已經迫不及待地高喊「王光輝！王光輝！」像是土地公，也像是國際賽的陳金鋒那般有求必應，象迷希望王光輝做的，他沒有讓大家失望，一棒結束比賽。

「萬人迷」

象迷們，你可曾在數十年前的夜晚，在台北市立棒球場、在全台各個職棒場地跟著大家一起吶喊：「王光輝！王光輝！」你一定不會忘記這份激情、那份感動，永永遠遠留在你心中，佔據好大的位置，不是一九九三年開幕戰，是更早更早之前，這種自發性情緒的演出一再一再在大家眼前震懾而出，有誰能比他更配得上「萬人迷」這個稱號？即使你不是一路走來的象迷，也該點頭同意我這句話。

「萬人迷！」好棒的三個字，如今人們最多只知道那是早年媒體給他的稱號，但一直不知道是哪個媒體起的頭。那是我服務的職棒雜誌同事孫慧敏在王光輝封面那期所下的標題，那時雜誌辦公室就在台北市立棒球場對面，沒事大家都會走到球場去看球，不論男女、不論老少，全公司沒有人不愛棒球的，近距離走進球場就能看到瘋狂的球迷、激情的比賽，在那個每個人可能都瞬間變英雄的年代，唯獨王光輝的魅力無可取代，我無意忽略前同事的功勞，但如果你能乘著時光機重回三十年前的球場，見識到王光輝上場時那滿場球迷的高喊聲，你應該也會說聲：

「他真是萬人迷啊！」

後來封面標題下了，雜誌也印好上架販售，結果萬人迷的威力無法擋，銷售數字不僅輕易破了前幾期，也一舉攻上金石堂排行榜前位，這著實讓我們長官放下了一顆心，在此之前他一度對有顆痣的王光輝「賣相」有點不安，最後證明在球迷眼中，王光輝可是愈看愈迷人，很「高顏值」的。

人，會不會永遠都是萬人迷？也許會、也許不會，但肯定的是人走的路不會一成不變，

臉上那顆痣是王光輝的註冊商標。（中華職業棒球大聯盟提供）

可能是自己的選擇，也或許是環境變化。身處在台灣、加入中華職棒的王光輝應該更有感，頂著高人氣、打擊王、明星賽高票入選球星，是王光輝的個人成就。接著他又和黃金隊友一起打下兄弟象第一次三連霸。象迷們，你都該記得那時兄弟象的一到九棒吧？應該清楚地一如昨日。在王建民熱潮時，人們對洋基隊打線津津樂道，其實要知道，更早更早的九〇年代初期，有那麼一支隊伍是如此令支持他們的球迷驕傲，且不是隔著海洋出現在電視畫面中，而是活生生地在眼前。

那一年總冠軍，已經狂熱到極致的象迷，從台北市立棒球場走到兄弟飯店，還記得那一幕的人請舉手！王光輝常和我提這件事，只是，他回述時的當下，台北市立棒球場看台幾近空無一人，雖然是賽前的打擊練習，但我們心裡都清楚，人們不會再回來了，也不知道是他陪我、還是我陪王光輝走過那段歲月，一切來得那麼快，極盛的中華職棒，從山頂就急墜到谷底，放水事件後，才思考到過往對球場丟雞蛋、拆座椅，甚至翻隊巴等等失控事件，只是有形的破壞而已，那種無形的、不知敵人到底在對面或你身邊的狗屁倒灶之事才是真正的重創，也幾乎在同一時間另一聯盟成立，大舉挖走了中職明星選手，既被稱為萬人迷的王光輝就不可能不被鎖定，那時請他離開兄弟象的價碼近四百萬，在二十幾年前那是一筆好大的數字，最後王光輝選擇少賺那四百萬，卻贏得更多象迷的心，也許還有其他球隊的粉絲吧！感恩他對中職的不離不棄。

有多少球迷是因為王光輝沒有「叛逃」而選擇陪中職一起走下去？這無法量化，也根本不知道從何計算起，我只知道不管有多少球迷，王光輝一直在場上，努力地做好自己，再等大家……那些傷透心的中職球迷回來。

王光輝願意等，也願意因為戰力調整做不同配合，但一邊等也同時代表自己一天天老化。二〇〇一年兄弟象開啟了第二次連霸王朝，新的接班隊伍正式成形，在台灣職棒永遠不能否認的一個事實是，兄弟象戰績和整體票房是正相關的，人潮回流了，但此時王光輝的出賽數也開始遞減、腰斬三分之一，最後僅剩個位數。那時隊中「三劍客」是媒體寵兒，一時間陣中好多萬人迷，但我還是喜歡在賽前和王光輝聊天，可能因為是，彭政閔遠從少棒，陳致遠、馮勝賢從大專業餘賽，看著他們一路打上來，好像看著他們長大，但只有王光輝像是「同梯」的老朋友，還有，他那渾然天成永遠不變的言語幽默，如果你覺得心情不太爽，找他聊聊就對了。另外，即便是稍微被當下的媒體忽略了，但他依然不變，看到新記者，還是會主動說上一句「你好，我是王光輝！」隔了十幾年後看到此幕，我在一旁笑了。在當時遇到王光輝的菜鳥同業，現在也都是中生代的記者了，仍記得王光輝曾對你這麼自我介紹的人麻煩也舉一下手！

花蓮引退賽

身為球員總有從球場上退下來的一天，那是二〇〇四年六月二十六日，當天我也在現場擔任轉播工作，只記得場內場外好熱鬧，不像即將迎來的離別氣氛，但最終王光輝致詞還是讓人有點感傷，不太記得他究竟說了哪些內容，只依稀記得他感謝很多人，從洪董一路到家人、隊友、球迷，只記得他說完這些流下淚來。在此之前，我認識的王光輝只流過一次淚，在我面前。一九九二年三月在春訓後不久，我們接到兄弟隊投手林文城車禍身亡的消息，那是我擔任兄弟象隨隊記者的一年，第一時間我衝到台北忠孝醫院，王光輝已在那裡了，我輕聲問他怎麼回事？想起和他一起長大的同鄉玩伴、同隊戰友，這麼說走就走，王光輝就在我面前流下淚來，然後我沒有出聲，也沒有拍拍他，我們就這樣站著，好清楚的一幕，整個忠孝醫院彷彿空氣被抽空般靜止。

後來我把生平第一本書的版稅全數捐給了以林文城為名的棒球基金，王光輝在聯盟會議室代表受贈，那天他滿滿的感謝，但對我而言好像也沒什麼，我只是單純想替他的好友做點事而已。

回到引退那天，送走這位一代名將的場面，雖然感傷，但其實多數時間比較像是嘉年華會。引述一下林文蘭在一篇期刊論文〈紅土上的原住民文化展演和運動儀式〉中所描述當天典禮進行的過程：「在王光輝引退活動，也邀請阿美族大頭目到場，由太巴塱部落親友表演阿美族舞蹈，引退活動彷如祭典般，王光輝被族人扛進球場，由排灣族動力火車獻唱〈彩虹〉。隨後在大頭目的歌吟聲中，為王光輝行嘉勉禮授予情人袋與象徵榮譽的頭飾，眾人並將王光輝拋向空中。」這篇論文的重點在探討原住民棒球選手如何用球場上的競賽，以儀式、歌舞、加油聲再現原民文化。這其中王光輝及其族人是極佳的受訪及討論對象，最後他的引退儀式更具有相當程度的象徵意義。

不止引退那天，王光輝三個字對原住民棒球也有其歷史地位。大聯盟首位拉美總教練是出生在古巴的Miguel González，他永遠在大聯盟歷史被記上一筆；而王光輝是史上第一位原住民職棒總教練，也是中華職棒第一位打擊王，是兩個永遠不會被破的紀錄。

二〇〇四年王光輝從球場引退後，我也離開了中華職棒轉播，看起來連結我們兩個的唯

2007 年，王光輝擔任兄弟象隊總教練，也是中華職棒史上第一位原住民總教練。（中華職業棒球大聯盟提供）

一那條線被切斷了，但事實上沒有，我們有更多機會是他著便服，在共同友人經營的二手車行中相遇，通常我進店裡時他已經坐在那裡，應該說近似以躺的角度看著我進來，然後先是「嘿！」一聲，接著偶爾台語發音的「文誠！」算是打完招呼。碰面後沒什麼聊天主題，二手車行老闆習慣把電視定頻在新聞頻道，但我們很少碰觸新聞話題，我沒興趣、他不好奇，棒球人更多時間是回到野球身上，從王建民、大聯盟、日職、中職比賽都聊，不免也會提到孩子。夫妻倆真的很關心家裡孩子的未來，忘記是在王光輝選手時代或退役後，有一回他們問我要不要到附近的新生公園棒球場看比賽，王威晨球隊正好在那，我就跟著去了，王光輝問我感覺如何？全世界的人都知道他問的是球技，我的回答卻是：「還好長得像媽媽！」王光輝大笑，那一刻他大概覺得原來王氏幽默我也略懂。

這是玩笑話，王光輝他懂，所以孩子的下一步他還是會徵詢一下我的看法，例如該不該把小孩在高中時往日本送，我記得我不是那麼贊成，最後結果大家都知道，但王光輝絕不是因為聽我的勸，肯定是問了不少人的意見及各種評估才下這個決定。

孩子一天天大了，他要操心的事不少，更讓他煩心的恐怕是兄弟象的戰績。球迷人數最多的職棒隊伍、創隊元老的明星選手、第一位原住民總教練，這三者究竟哪一個讓他壓力最大，或說，最想因此帶出好成績的？我個人猜測是最後一項，但一直沒有機會問，我只看到那幾年的王光輝老好多，像是一夜之間有人拿了彩筆在頭上刷了好幾道灰白顏色。沒有人接總教練會沒有壓力的，只是各自面對的方式不同，也許是對自己的喊話、也許是要穩住選手情緒，那句「問題不大！」也成為他的另一金句。

真的問題不大嗎？在他離開中職的十餘年後，我寫總教練的文章，第一個想到的人就是王光輝，有很多話想問他，想聽聽他怎麼說，尤其當球隊戰績低迷被傳是太重用原住民選手時。雖然運動場上「贏球什麼問題都有答案，輸球什麼答案都有問題。」但我還是很想親自聽聽他有什麼說法。

重新檢視我和他的 LINE 對話，二〇二〇年八月六日我第一次提出見面聊一聊的想法，他回給一個高舉左手右手握拳的貼圖，意思是很讚沒有問題；接著原本喬好隔週假日碰面，結果遇上他回花蓮參加豐年祭，心想沒關係等回台北再說；然後就是十月十六日，他主動傳訊息說身體出了點狀況，醫生說需要一段時間休養，所以暫時無法碰面。那時我完全沒有意識到什麼，真的以為「問題不大！」還想說也可以到花蓮去找他，但他怕我麻煩就說再約。再來就是年初了，從兄弟象老球員那裡聽來他癌末的消息，轉述的老戰友很感慨，我則十分震驚，隔兩天我傳了一句「最近好嗎？」給他，王光輝回我的是「身體不太好、抱歉！」會寫抱歉二字，顯然是因為休養中的他依然記得和我的約定，而且一直記得這事，後來的對話，不管是過年、過節的純問候，或是幫他加油打氣，王光輝回話一定會有不好意思、歹勢、抱歉這些字眼，總是很在意沒有和我碰到面。

他一定是帶著無法實現和我約定的遺憾而走的，不然在離開人世的前一天，不會到我夢裡，身著黃色兄弟象球服接受我訪問，在夢境中他氣色真好，畫面清晰到如在眼前。後來，知道我夢境的王光輝太太傳訊息給我，裡頭有句：「他一直惦記著跟你的約定，真抱歉，無法完成。」我該被歸為鐵石心腸類的人吧！看到這句我竟沒有哭，還是若我流下淚來，在天上的王光輝會更難過，會更抱歉他的「失約」？

八月二十一日那天，我去新莊看少棒賽，和事先已約好的王光輝的妹妹曉玲碰面，因為實在不太想打擾休養治療中的王光輝，所以曉玲常成為我打探她哥哥消息的來源，那天頂著三十幾度的高溫，她又是剛戴口罩外加主審面罩站完一場比賽，應該讓她稍稍喘口氣的，但我太想知道王光輝近來的狀況，曉玲先是說時好時壞，好的時候聲音很高亢，直說現在怎麼一直吃都胖不回來，狀況不好時，那種痛很難忍的。但無論如何王光輝都會交待曉玲，要把兒子王威晨的比賽錄下來，他要幫忙看看威晨打擊時肩膀有沒有開掉。此時的我望著曉玲半天說不出話來，然後她又加了一句：「哥說他很不想這樣就走了，不甘心！都沒看到威晨生小孩、當爸爸。」

我藉口請曉玲快點去休息，其實是情緒有點難以控制了。

阿輝，放心地在天上吧！威晨、你所愛的家人、朋友，往後一切都會很好。你在那裡也要快快樂樂地，和林文城、過往的朋友快樂在一起，我相信你會一如往常，而且遇到新朋友時，也會再說上那句：「你好，我是王光輝！」

Chapter 17

徐生明

記憶中的徐生明及已故的總教練

做人要讓人看得起。

~徐生明

好教練的定義

那天天氣很好，屬於陳潤波教練喜愛的溫度及氣候。我在他的告別式上致詞，最後我說了句：「陳桑，如果你在上面看到貝比魯斯（Babe Ruth），記得到我夢裡來，告訴我你跟他誰比較胖。」後來陳教練一直沒有走進我夢中，也許他比貝比魯斯胖，不好意思和我說。

但我曾夢過徐生明總教練，隔天早上我傳了個訊息給徐夫人謝榮瑤女士，大家習慣尊稱她為「師母」，師母急切地問我：「那你夢到什麼？」

「夢到徐總在棒球場，忙進忙出的。」我是這麼回答的。

即使在天上了，徐生明依然出現在棒球場，一點都不讓人意外，以「一輩子的棒球人」來定義徐生明絕對沒問題，但我有時在想，以徐總的聰明努力，以及做事要求完美的個性，幹任何一行應該都會成功吧！我認真的這樣想。

但我們能看到的他，做得最好的還是棒球。

和徐總私下互動有幾次回憶，最多還是在球場上，正確說是球場邊，他是我棒球知識最佳解惑者。那一次我印象很深刻，十幾年前吧！白天轉播一場大都會的比賽，一壘有跑者，但一壘手並沒有 hold 在一壘上，這是我第一次轉播棒球看到守方這麼做，當下百思不得其解，如果看到一個棒球問題找不到答案，對我而言像是喉嚨有刺拔不出來，東問西問還是沒有人想出解答，不論是選手或是教練。

我並不是奉行問不到答案最後再找徐生明就好的人，只是湊巧那陣子去中職球場碰不到他而已。約莫一週後，我和徐總在場邊聊了起來，徐總一邊看著球隊賽前打擊練習一邊和我說話，對於我的疑問，徐總先是愣了一下，顯然他也沒想過有人會這麼搞，接著在極短的時間內徐總就說出他的看法，最後證明是對的，他的見解是：大都會在防守一壘時選擇像在二壘一樣，也就是不守在一壘壘包上，而是離開壘包站在跑者身後，這樣做的目的是讓跑者不敢離壘太遠，因為不知一壘手何時會進壘包和投手完成牽制配合。

徐生明總教練未曾對我傳道、授業，卻常為我解惑，就棒球而言，該尊稱一聲「徐老師」。這位老師，我們還是說徐總好了，有一次和他一起搭車回台北，起點是台南棒球場，車主是統一獅的李聰智教練，同時也由他負責掌握方向盤，副駕駛座上正是徐總，後座除了我沒有其他人。那一路上有點小塞車，也感謝交通沒有太順暢，我們有更多的時間聊天，徐總也很清楚（或平常就明顯可看出來）我愛聊棒球，所以一路上是知無不言。好似經過台中不久吧！我問他：「好的棒球教練有什麼標準？」徐總的答案是：「好的教練是狀況未發生前就想好所有應變的方式；中等的教練是狀況發生後才想解決之道；最差的是狀況來了還手忙腳亂。」這句話我印象很深刻，徐總把好教練的標準定義出來，有點近似我們熟知的先知先覺、後知後覺及不知不覺三階段，雖然這麼多年後，我對於什麼叫做好教練，愈來愈覺得難以清晰定位，但當年徐總的三階段論述的確讓我點頭不已。而事實上他本人在執教工作上也奉行得很好，常在狀況沒有發生之前就先想好對策，所以那些年在場邊轉播席上看徐總調度的確很明快，也很果決。

夜行車一路繼續往北，究竟是在哪一段路上徐總聊到他的個性，也忘了是什麼點開這個話題的，但清楚地記得徐總面向前方夜色，對向車道的物體快速地後退著，徐總沒有回頭地說了句：「做人要讓人看得起」，不確定這句話是對我的一種勸勉，還是對自己人生行事風格的再確認，但就是對這八個字「做人要讓人看得起」記得無比清楚，但好可惜的好可惜，以為和他相處的時間還多得很，所以就沒有往下問，他的人生、他的棒球路就是走一條「做人要讓人看得起」的路嗎？所以那些事，例如明明是一九八三年拿下奧運資格賽中華隊一員，但到美國參加洛杉磯奧運的名單中卻沒有他，最後選擇遠去韓國打球證明自己，並且還拿了個碩士學位；身為職棒總教練，陣中明星選手大半以上被競爭的另一聯盟挖走，但他仍帶著別人眼中的雜牌軍完成隊史的三連霸；拿下三次冠軍的球隊無預警地解散，徐生明還是努力找到自己舞台，並兩度將球隊帶進總冠軍戰。

「做人要讓人看得起！」美濃客家人的徐生明，也比任何人都硬頸，所以早年在中職

徐生明曾擔任過味全龍隊七年的總教練。（中華職業棒球大聯盟提供）

帶隊罷賽再到那魯灣的脫衣抗議，都是場內外鮮明的個性展現。如此的個性會不會讓他吃虧？會的；會不會讓他得罪人？會的；那徐總會不會在意？如果不在意是因為該做的他還是會去做，如果在意，那他應該就不叫徐生明了。不過究竟是什麼答案我不知道，不能像寫其他總教練般問出答案，因為永遠問不到了。

強悍的作風，毒舌的個性

好可惜永遠問不到了，所以如今關於徐總的一切只能靠記憶去拼湊，例如關於他個性的一件事，味全龍隊的翻譯曾告訴我，某洋將來台之初不論球技、管理都還很ＯＫ，但隨著成績愈來愈好，隊中好像非他不可的態勢愈發明顯時，洋將有點走鐘了，某日他透過翻譯跟徐總說自己手傷，要休息不投了，徐總聽到後直接跟翻譯講：「你去跟他說要不要再休久一點，機票錢我幫他出。」隔一天老外就上場投球，而且投得非常好。

這是很徐式風格的傳說，我人沒在現場但絕對相信事情的真實性。而我人在現場看到的是，有一回南下屏東採訪味全龍隊春訓，一位年輕選手因為訓練態度不佳，此時的徐總對著他破口大罵，什麼叫做罵到臭頭大概就是我當下看到的，那時我在想如果不是我這個媒體外人出現在太陽底下，那傢伙恐怕就會淚灑球場吧！我是這麼猜的。然後，他帶領金剛隊時真的把球員罵哭，還有處罰球員從球場跑回宿舍的紀錄，但這回我並沒有在場，在兩聯盟惡鬥「漢賊不兩立」的年代，另一聯盟那「海峽對岸」的事，我也只耳聞過，只是據說而已，但我還是深信不疑。

徐總罵人有時是很不留情面、很毒舌的，這一點我常聯想到野村克也。野村克也和徐生明共同點除了都會玩球，都知道什麼料煮什麼菜，該怎麼樣去贏一場球之外，他們也很會罵選手、很讓人下不了台。野村克也曾對著養樂多捕手，算起來也是名將級的古田敦也說：「你打這種球，我拿筷子都打得比你遠。」而且他也很兇，治軍嚴厲得幾近不給選手留情面，最有名的例子是，有一回他下達戰術，打者荒井幸雄卻執行失敗，氣得野村大人從休息區衝出，拿個加油棒就往荒井腦袋瓜上敲，當場嚇壞一竿子人，包括現場採訪的諸多媒體記者，所以隔天想不上報都很難。

因為這件事上了報，所以我知道，但也是「間接」知道。不過有件野村的事我卻是親眼所見，一九九二年底野村率養樂多隊到台灣比賽，我因為採訪的關係，所以到養樂多隊下榻的飯店，然後不巧（或正巧）的是剛好和野村搭同一部電梯，接下來的畫面是電梯在五樓臨停、打開，數位養樂多的選手看到他們的監督竟然在電梯內，沒有人下令就迅速退開、問好，個個眼中流露出的恐懼眼神令人難忘，沒有人、都沒有任何人敢進來，然後電梯再往下，原本之前在電梯裡心情輕鬆的我，頓時也不太敢吸太大口空氣，深恐野村回頭瞪我。

棒球素養夠、能把球隊帶出好成績、講話不留情面、治軍嚴謹，都是兩人的共通點，還有他們的媒體公關能力都不錯，至少在我眼裡的徐總是超強級的，知道該講什麼話，什麼是媒體語言，甚至他們的一句話都可以直接下在隔天報紙的標題上。關於這一點不知道和徐總愛看報紙，而且是每家報紙一早即閱覽一遍有沒有關係？請注意他不只是看體育新聞而已，所以一碰面徐總很愛和我聊新聞，各式各樣的新聞，有一回他竟聊起了前一天男公關被抓的八卦，末了他對男公關那句「我的尊嚴都放在家。」下評論說道：「你看真的什麼人講什麼話喔！」所以徐總也能窺出媒體要的是什麼。譬如和趙士強「關係微妙」的徐總，聽到對方考慮要不要接任總教練時，對著記者說：「請趙士強不要再ㄍㄧㄥ了！」讓想炒作兩人關係的媒體又找到最佳發揮的題材。還有，當球隊戰績跌到谷底時，徐總那句經典名言：「打棒

2004-2005 年，徐生明接任中信鯨隊總教練。（中華職業棒球大聯盟提供）

球有這麼難嗎？」這話不但第二天見報，此後也成為媒體在檢討金剛隊戰績低迷不振時，最常引用的一句話。

形於外的徐總，具體表現出來是知道該講什麼話，還有該如何表現出其強悍的一面，不僅是面對對手、管理部屬都是。我在想如果一定要二分法的話，成功的教練有兩種，一種是讓選手愛你，譬如那個叫呂文生的，不僅是底下選手愛他，周遭所有工作人員也愛他，這是其一；另一種是讓選手怕你，一種會發自內心的畏懼感，野村克也、徐生明總教練應該歸類成這一型，這是我從旁觀察出來的。但必須說，在徐總生涯後期個性已經改了許多。和資深棒球記者徐正揚聊起時，他和我分享幾個他採訪春訓時所見的徐生明。

故事一：二〇一〇年，興農牛在左訓中心春訓，第一階段是體能，野手由體能教練孫昭立帶，大家哀鴻遍野毫不意外；投手是徐總自己來，他帶的體能沒別的，就是跑步，每天跑到沒完沒了，投手都在唉「腳已經不是自己的」，聽到後徐總並沒有如以往地大罵，只是說：「只要我跑得動，你們就要跟上。」很暖男的回話。

故事二：早上打擊練習，其中一台餵球機突然壞了，教練們經過討論，課表重新調整，野手開心到不行，因為要打的量變少了，徐總當然看到野手的反應，當下只是微笑沒多講話，叫人把壞的那台搬到樹下，再跑去找左訓的人拿工具，然後開始拆發球機。總教練竟然會修發球機，當下讓徐正揚很驚訝，修著機器的徐總一方面很得意卻也很無奈，「你想不到我會修這個吧？」他得意地說著，無奈的是，公司就只給這幾台，壞了不買新的，送修不知要等多久，只好學著自己修。

徐總最後真的把發球機修好了。然後是故事三：徐總叫人把機器扛回內野重新架好，野手看到發球機搬回來，當下好安靜，每個人都停下動作，而且都面無表情，等發球機接電、運轉、測試都ＯＫ，一個一個默默地重回打擊動作，而徐總沒有像過往大叫「趕快給我練起來！」而是慢慢走回本壘後面，坐下喝了口水，雙手攤開靠在椅背上，好像什麼事都沒發生，戴起太陽眼鏡繼續看打擊練習，此時突然轉頭跟記者說：「他們可能還要打很久，等下你先吃飯沒關係。」讓記者深感他貼心的一面。

雖然對外的個性好似慢慢改了，但我知道的是，他內心強悍的那一面依然存在，因為面對病痛時他就是如此。二〇〇四年奧運會後，中華隊不但未能如願打進四強，領軍的徐生明也因積勞成疾腎病變住進了榮總。所以我去榮總探望徐生明，時間點是在球團發表他因病而由黃煚隆暫代總教練記者會的隔天。其實出發前往醫院之前，我是有點搞不情楚狀況，只知道他生病了，只知道居於老友的立場我該前往一探。開門的是師母，房中還有他的家人，師母在我坐定後就對我說：「我們已經做好要面對一切的心理準備。」

「面對什麼？」

「準備什麼？」

後來問清之後，才發現徐總的病情比我想像的還要嚴重。所謂的問清，大半還是由徐總自己主動提及的。好像有點像電影的倒敘法般，徐總先說他考量兩種洗腎（我是這時才發現事情大條）方式的利弊，然後他還用手比了一下洗腎機的大小還有重量，這架極有可能一輩子要和他長相左右的機器。

接著他說到自己為什麼病情嚴重至此的關鍵。從痛風到服藥，從腎病變到雅典飲食到奧運壓力等，當他娓娓道來，語氣平順，加上臉上氣色不差，會讓你有那種他在談別人家事的錯覺。

可是當你目光再往下移動，瞄見他那雙露出在床單外的雙腳，像被吹漲即將撐破的雙腳時，還有邊講話邊因腎病變引發的皮膚癢痛，而不得不用手止癢的動作時，你就會發現即使表面再堅強、口氣再堅定，病魔也會想辦法拆穿你的「偽裝」。

事實上，後來也加入我們談話的劉志昇教練，在送我離開的電梯口，偷偷地對我說，當徐生明知道他的腎幾乎壞死，必須終生洗腎時，初聞之下也幾近崩潰，但最後卻可以很快地、勇敢地面對這一切。「事情既已無法改變，那麼只有去正面迎戰它。」徐總在病床上這麼對我說。

最後徐總贏了，比帶味全龍三連霸更難的一場戰役他贏了，徐總重回球場，我以為自此迎來的該是一個光明的未來，我還能和徐總相處很久……。

人生在世，終將離去

那天媒體同業打電話和我說「徐總走了！」我還直覺地問「徐總要去哪一隊？」那所謂的「走」，我天真地以為只是要換隊而已，結果是永遠碰不到面的走了，永遠的永遠。

我送了不少總教練，職棒元年的四隊教頭都離我而去。拍手掌聲超大的曾紀恩，你該知道大家都叫他「教官」吧！出身軍旅的他，在棒球場上還是一個軍人樣，場內場外都嚴以律己也嚴以待他手下的球員，這一套是不是還適合今日的職業棒球，是一個問號，但做人處世教官絕對是個典範，還有，我想念教官每次打完招呼都用他有力的手掐我頸部，掐得我唉唉

林信彰（中）是職棒三商虎隊首任總教練，照片為 2017 年職棒傳奇球星公益賽，林信彰與昔日球員康明杉（左）、林仲秋（右）合影。（中央社提供）

叫的過往。

味全龍隊創隊首任總教練宋宦勳，很不好意思的是，一直到開打前我才知道有這個人，所以和宋教練一直有距離感，而且他就是給人一種不苟言笑的形象，更加深了這個距離，直到有一天，我在已拆除的台北市立田徑場（沒有筆誤、不是棒球場），宋教練在指導友人的小孩如何接球，那一刻我才清楚地看出他的身手，還有宋教練非常非常溫柔的一面，就是一個阿公樣，不知被指導的那孩子現今幾歲了，人生中還有棒球嗎？

三商虎林信彰教練實在是個傳奇，一九七二年帶著不被看好的台北市少棒隊（陣中有中職裁判李柏河、統一獅教練李聰智）拿到全國冠軍，進而是「世界少棒冠軍」，然後本身曾是省運桌球代表隊，還經營過桌球場，不是斜槓是很傳奇，到了職棒，林信彰繼續寫傳奇，拿下中職第一個季冠軍，而後臨危受命帶著別隊剩下的選手組成二代鷹，差點扳倒了味全龍，而在總冠軍賽前，他說的那句「我知道別人懂多少（棒球），但別人不知道我懂多少。」充滿哲理的話，也讓人印象深刻。

還有，多數的選手、教練一旦沒有棒球工作就脫離了球界，但媒體都稱他「信將」的林總，卻永遠會出現在棒球場邊，自費跟著中華隊到處跑、到處看球，也經常出現在職棒比賽的記者室中看比賽，幾乎一直到生命的最後一刻。

還有我跟最久的鄭昆吉總教練，和他相處的時間最長，所以在不同的文章常回憶起他，但不管寫了多少次，還是要說忘不了他的開朗笑容，還有指著立德棒球場跟我說曾打出牆外的驕傲身影，鄭桑，我想念您。

職棒元年四隊總教練都走了，一九九三年增加的兩支職棒隊創隊總教練也走了。我個人非常欣賞寺岡孝，那麼地溫文儒雅，肚子又滿滿的棒球學問，否則王貞治的大榮鷹隊首席教練的位置也不會找他。而台灣職棒前後想到他的人也不止一隊，他曾四進四出台灣，以外籍教練而言，這紀錄肯定不會被打破。在他第三次到台灣任教時，我曾在新莊棒球場專訪過他，那篇文章我找了出來，其中有一段的問答是：「可否談一下前後三次來台灣，不同的心情感受？」

寺岡：「像我這樣三度來台的外國教練應該不多吧？哈！第一次帶俊國，是支剛打職棒的新兵，所有事情必須從頭教起，而加入味全則是一支尋求連霸的隊伍，希望把戰力整合更好，這一次的中信鯨隊情況也不同，可以說三次來台灣，不同的球隊有不同的狀況及需求，但我還是一樣盡心盡力的把工作做好，只不過這一次回來，看到以前俊國、味全的選手和夥伴，現在都各奔西東，心裡頭還是有很多感觸。」

文字有留下，記憶中的影像也有留下來，另一個留下文字及記憶的是李瑞麟。我和李瑞麟在球場上相遇的機會遠大於場外，他在我及多數人眼前的形象似乎永遠是英挺的球服，球服背後有個大大的1號。而生活面，接觸的機會不多，和他私交甚篤的鍾重彩教練說，他是那種把家裡一切都交給老婆，不知柴米油鹽在何處的典型大男人，個性則帶有大而化之的隨和。

我看到李瑞麟穿便服、較生活面的機會不超過五次，最後一次是一九九九年底，我到屏東去探望大家口中的李老師，那時大家都清楚鼻咽癌纏身的李瑞麟，生命其實已經進入倒數計時階段，在他最後的歲月中，我，還有所有和他熟識的人，都希望能儘量把握最後的機會看看他，即使沒見到他，到家裡走走也好。

日期忘了，只記得那天下午屏東的太陽一如以往，很烈很毒；走進位於內埔的李家，一股感傷的氣氛迎面襲來，師母見到我，寒暄兩句後對我說：「李老師有些話想對你說，他吩咐你來時，一定要叫醒他。」其實當時他那樣的病情，最重要的是多休息，有什麼重要的事非得當面跟我說？

師母帶我進了李老師的房間，只見他安靜地躺在床上，臉上插滿了大小管子，上半身僅露出的雙臂像兩支細竿般掛在棉被上，師母搖醒了他，李老師顯然花了點時間才認出是我來了，他趕緊拉著我說：「文誠，實在對不起你啊！上個月收到你的信，應該要回的，可是我實在沒辦法，對不起啊！」不知道當時我為什麼可以把眼淚忍住，在見到他幾乎用盡所有力氣說這句話而不流淚的人，恐怕很無情吧！終其一生都無法忘懷當時的一景一物，在生命最後一刻都還惦記著沒有回信這種小事，非得說聲抱歉的，是怎麼樣的人啊！

這是李瑞麟最後留給我的身影，不是直挺挺地站在球場，而是一身病痛地躺在家中，一年到頭不在家只知道為棒球付出的他，終於回到家卻是如此樣貌，聽師母那句「老天總算把李老師還我了。」聽得我好痛啊！

李瑞麟總教練的告別式我去參加了，喪禮備極哀榮，那些背叛他的時報鷹球員也到了，天上的李總一定會選擇原諒，從小一路帶大的球員應只有愛而沒有恨。但李總應該還是不甘心地離開吧！從唸北體開始，不是科班的他，就一直鑽研棒球，如何當好一位教練，他帶三級棒球冠軍、拿成棒第一，只剩一個職棒總冠軍，李總一生唯一的希望沒達成就離開了。

提到李瑞麟總教練怎麼能不想到王光輝呢？都同樣和我有約定卻放不下，李總至少和我講到話，輝總卻一句都沒留，但他一直把和我訪談的約定放在心上，在輝總過世一天後，王太太傳來訊息，說輝總一直惦記著和我的約定，也許就是這樣一件事放不下，難怪離世前一天會走進我夢中，夢中的他身上那件黃色兄弟球服無比鮮豔，氣色極佳，一樣的笑容和我對談。在天上的他現在一定還是一如以往的樂觀、風趣才是，我很相信的。

每個人生下來走的路不同，但只有一條路是一樣的，那就是我們都會離開。沒有人可以證明，先後離世的人有天會不會在另一時空相會，但我是深信不已的，那天到了，迎接我的第一個人必然是我最愛的母親，她一定會用她慣有的笑容看著我，接著大大擁抱我；然後我會看到胖胖的陳潤波教練；拍掌超大聲的曾紀恩；還是沒有什麼笑容的宋宦勳；交情很好的林信彰和鄭昆吉，興致很高的在棒球場邊看比賽邊評論；坐他們旁邊的是後輩王光輝也偶爾品論一下，但多數是傻笑著，笑時臉上那顆痣更迷人了。交戰兩隊當中有一隊督軍的是那個沒有把棒球放下的徐生明，也許徐生明見我到了，會轉頭對我說：「文誠，我們可能還要打很久，等下你先吃飯沒關係。」

附錄

我的奧運英雄

我的奧運英雄

記得那時天好藍好藍，一片白雲都沒有的藍，還有，記得陳金鋒那支三分砲。

二〇〇四年的夏天，我從桃園機場搭機前往希臘，臨上飛機前，我對台灣棒球在奧運奪牌有著很實際的想像，我們是可以拿牌的，期望值甚至比九二年還高。是期望而非不切實際的幻想，是因為我們有王建民、曹錦輝兩個未來的大聯盟投手，還有日職一軍的陳偉殷，打線也整齊，或說是豪華，有從不讓人失望的陳金鋒，兄弟的「三劍客」、阪神的林威助也在陣中。

我滿心期望，飛機上坐我身旁的高英傑教練也很期待。忘了我們連同轉機究竟飛了多久？一路上我們聊中華隊，也聊台灣棒球，然後我很有幸地「獨家」聽到他當年有機會赴美發展，卻留下遺憾的往事，就這麼半聊半睡、又半夢半醒間，飛機已降落在雅典機場。

年輕的我讀過余光中新詩上的那句「今天的天空很希臘」，那時常想真正的希臘天空究竟是何樣？結果是一整片藍，藍色的天空伴隨著令人無法忍受的高溫，炙熱氣溫下，我到球場邊看中華隊（如果你一定要強調是台灣隊我也同意）練球，球場管制很嚴格，不論有沒有證件都一樣，無法走進場內，在訓練之餘的休息片刻，我對著走到鐵絲網邊的彭政閔、張泰山給予一個該有的熱情微笑，但他們卻回我一個冷漠的表情，我有點嚇到。恰恰是我從小看著他長大、很有禮貌的球員，見了我總是十公尺前就立正站挺喊曾大哥；泰山更不用說，看到我老是抱著我親吻額頭，也不知這是哪來的儀式，或是可助他長點頭毛？總之是熱情得很，但這時兩人卻回給我這樣的表情，是不是當下就聞到中華隊不太妙了，說不上來；但他們太緊繃了，大家都看好，想要奪牌的壓力壓得他們喘不過氣來是很肯定的。

身為國家隊的一員，不論是哪個國家，都會有壓力，尤其是奧運殿堂，但只有中華隊最特別，每一次國際賽、每一回出征，CT的制服往身上套，台灣棒球發展和職棒興衰好像就全是他們的責任了。美國連二〇〇四年雅典奧運資格都沒打進去，但曾影響他們球迷進場看大聯盟比賽嗎？完全沒有，二〇〇五年大聯盟平均每場的球迷數是三萬零八百一十六人，比前一年的三萬零七十五人還小漲一些。但台灣完全不一樣，棒球發展根基不穩定，加上各種狗屁倒灶之事，就更需要國際賽好成績帶起棒球熱潮，二〇〇一年世界盃的銅牌即讓中職嚐到好大甜頭。但如果打不出預期結果？隔年的進場人數及收視率就直直落，很快反應出來。

中華隊賽程其實不算差，前四場對手有強有弱，但沒想到首場卻踢到鐵板一塊，被楓葉國掛了九個鴨蛋，自此之後跌跌撞撞，連該贏的義大利竟也失守，在轉播席的我，永遠忘不了，義大利打者在比賽後段把球送出全壘打牆外時，主播高叫著「不要啊……」那彷彿被推入深谷的慘叫聲至今難忘。

輸了義大利就完全沒有退路，唯一的機會就是贏日本。

贏日本向來不容易，但我們有陳金鋒。台灣棒球史上出了不少四棒名將，從洪太山、官大全、謝良貴、趙士強、呂明賜一直到陳金鋒。可能只有52號的陳金鋒是「有求必應」，球迷希望他做什麼，他就能做什麼。

台日戰三局上半，兩出局中華隊攻佔一二壘，陳金鋒先讓投手上原浩治拿下兩好球，接著外角直球陳金鋒放掉，然後一顆變化球朝向本壘而來，陳金鋒才一轉身球即平射飛向左外野，很金鋒式的全壘打軌道，很難用我們習慣詞「炸裂」來形容這支全壘打，但我們轉播席卻真的炸裂了，簡直像一團火球炸開了，大家驚叫不已，但球場內的陳金鋒本人卻很冷靜地跑壘，沒有像三年前世界盃在天母球場，同樣對日本隊揮出全壘打那般地高舉右手慶賀，他只是安靜繞壘，讓時間停下來、讓大家享受這一刻。

雖然中華隊最終沒有守住，輸了日本也輸掉最後奪牌希望，但還是感謝金鋒，那射向希臘藍色天空、永遠令人難忘的全壘打。如果還有難忘的事，那應該就是賽後，和中華隊去希臘小島散心。我和彭政閔、鄭兆行三個人「三貼」騎50ＣＣ小機車，卻被當地警察攔下的有趣回憶吧！

這是我唯一的奧運棒球現場觀戰經驗，原本北京奧運還可以前去，但因故沒有成行，

1992 年，中華棒球隊在奧運獲得銀牌後繞場一周接受歡呼。（中央社提供）

我是不是該慶幸還好沒去呢？否則被球迷視為「國恥」的對中國一戰，人就在現場那該有多嘔啊！但如果真把感情投入，輸了球，人在哪裡目睹其實都是一樣的，就如同一九八八年漢城（首爾）奧運。這一年前不久在義大利舉行的世界盃中華隊才拿下第三名好成績，所以是被看好能像前一屆拿牌，即便是表演賽性質，結果中華隊連吞三敗就打包回家，那時我剛投入職場不久，但什麼身分、年紀都不重要了，身為球迷輸球就是會痛。

不太想再憶起失敗了，人總是選擇記下美好的事物，這是人性。所以有奪銀拿銅的兩次奧運棒球，就比較記得清、比較值得一說。一九九二年巴塞隆納奧運中華得到空前（完全不敢說是絕後）的銀牌，那是二十位選手加四位教練團拚戰下的結果，但背後卻是台灣棒球界為了這塊牌長期佈局、耕耘下的收成。

為了一九九二年奧運，遠在一九八九年棒協就開始執行長達三年的奪牌計劃，以執行教練的制度，讓李來發帶著準國手們進駐左訓中心，當時這些培訓隊員並沒有球迷熟悉的面孔，因為棒球好手都在之前先後加入職棒了，李來發手中可用之兵就只有被視為國家隊二軍的年輕球員，投手有郭李建夫、林朝煌、黃文博；捕手是白昆弘、張正憲；內野手有黃忠義、王光熙、張耀騰、羅國璋；外野手則是陳威成、廖敏雄、張文宗等。這些選手現在聽來自然都是響叮噹的名字，但在當時卻是無人聞問的菜鳥球員而已。

這群菜鳥在台灣每天被李來發狂操，不論內外野接球練習量一律以一籠籠為單位。出了國則到處旅行比賽，美國、日本、中南美洲各地跑，以增加實戰經驗，但一開始因為戰力不足，比賽都只打了七局，因為老是被提前結束，但慢慢可以把分數拉近打滿九局，有時還能先得分，最後贏對方的次數也多了。

這些事情，我沒有陪同經歷著，也不是看舊資料或谷歌而來，那是過去和李來發在飯店聊過，和黃忠義、林琨瀚在轉播空檔談過，也和白昆弘、陳威成等人訪談而來。唯一陪著他們「成長」的經驗是一九九一年第十六屆亞洲棒球錦標賽，那一屆的前兩名要決定巴塞隆納奧運的席次，能不能到西班牙就全靠這一戰。比賽場地是在北京和天津，那也是我第一次踏進中國土地，事實上在一九九一年能去中國的記者也沒幾人，當我們飛抵北京那刻起一切都是那麼新鮮，記者團的同業看到第一位機場公安，用蚊子般的聲音跟我說：「你看共匪在那裡！」

中華隊預賽全勝，決賽卻場場硬戰，過程用緊張刺激都還難以形容。首場對南韓兩隊你來我往互有領先，到了六局下半張耀騰右外野三分全壘打，才稍微穩定軍心。妙的是，張原本不是先發，但因右外野手失誤才頂替上場，而且是以內野手的身分去守外野；再來是，他這輩子幾乎沒打過右外野全壘打，「好想贏韓國」張耀騰很懂。接著是對澳洲，在預賽以十比二輕鬆過關的中華隊，居然和澳洲纏鬥到十四局，也是靠著三分砲、王光熙的全壘打好不容易贏了比賽，也確定中華隊可以進軍奧運了，這兩場比賽心臟不好的可能會嚇死在現場，在看台上的我，手掌心都快掐出水來，還好最後是完美結果，雖然最後一戰中華隊在延長賽一分輸給了日本，但沒有影響進軍奧運的資格。

到北京、天津兩地觀戰是難得的經驗，靠著老美幫忙，兩座球場都極具規模、標準，也看出九〇年代起，大聯盟早就注意到中國廣大人口背後可能的市場及人才。不過當時棒球在中國還是屬沙漠未開發之地，一般百姓、飯店工作人員對棒球完全陌生。中華隊場邊牛棚練投時，我聽到可能是動員來的「觀眾」，對著台灣投手大喊：「你投得準，肯定可以得很多分的！」

賽會結束後我多留了一兩天，那時「六四天安門事件」才過一兩年不久，還是可以感受到些許肅殺氣氛，外人到中國大學校園並不容易，不過還是想盡辦法去了北大及清華兩所大學一探，想看看有沒有任何學生玩棒球的身影，去之前心想機會不大，去後發現果然如此，不過我還是很正式地拜訪了中國棒協最高領導人，還有實際帶隊的教練、兒棒（少棒）的選手（其中一位後來還成為國家隊一員），試圖勾勒出中國推動棒球的現況，最後在《職業棒球》雜誌發表了一篇五千餘字、下了個像論文般標題〈中國棒球發展現況〉的文章，那是我早年很得意的作品。

回到奧運棒球，三年多的努力總算拿到參賽權，且最後奪牌。這種為了唯一目標而集合全國棒球菁英，綁在一起施以長期訓練的方式，在職棒選手沒有加入國際賽前，很適合台灣棒球代表隊的作戰策略，這一套其實在一九八四年洛杉磯奧運就略見雛形，總教練吳祥木領著台灣千挑再萬選後的球員進駐左營長期操練，接著再拉到國外移地比賽。但如果和九二年那批奧運國手相比的話，八四年這群選手可就是家喻戶曉的人物，而且幾乎是百分之百從少棒時期名聲就響叮噹，也相當程度代表著七〇年代台灣少棒狂潮養成下的選手，一次完整的驗收，在奧運場上。

唸幾個名字給你聽聽，如看到名字的同時腦海有「哇～」聲響起，或帶起往日回憶，那代表你年紀可能有一點了，如果完全沒印象，那沒關係，我帶著你一起走回去。他們的名字

1984 年的中華成棒奧運代表隊合影。（曾文誠提供）

是郭泰源（這三個字如果你沒聽過，我真的不太建議你繼續往下看）、莊勝雄、杜福明、曾智偵、江泰權、趙士強、林華韋、吳復連、呂文生、李居明、林易增。

我沒有列出完整的球員，但無損於我心目中史上最強中華隊的地位。每個人心中或許都有一份最強中華隊名單，有時那無關乎真正實力，感情因素反而佔比較大的成分，否則以理智來挑，那麼有王建民、曹錦輝、陳偉殷加陳金鋒的〇四年那隊應該是首選，不然有拿銀牌的九二那批也應該是。

加了很多情感來挑，是他們幾乎和我同輩，是看著他們打球長大的，這樣形容不知會不會很怪。然而當巨人少棒的李居明、美和青少棒的呂文生、長榮青棒的郭泰源、文化大學的趙士強，看著他們不同層級一路路打上來時，你也該和我一樣，有那種大家其實早就是「老朋友」的感覺，所以不用等一九八三年趙士強在第十二屆亞洲盃那驚天一擊的再見全壘打，把台灣送進洛杉磯奧運之時。更早更早之前，他們開始培訓，然後分組對抗挑出最強的陣容，再到美國移地訓練，我就時時追蹤，不放掉報上任何一點訊息，即便短短兩三行字也不錯過而一看再看。

此時此刻我才想到一件事，我因為工作關係，何其有幸地，有很長時間可以和一九八四年及一九九二年這兩個世代的奧運國手認識，有不少人曾是我筆下的受訪者。但如果認真做比較的話，九二年的純是採訪和受訪者的關係，我想知道關於巴塞隆納，他們準備了多久、過程和結果，所有可以寫成報導的一切。

而一九八四年，那一年的夏天，我想聽的是故事，這樣形容非常奇怪，但真的有那種在大樹下、在廟埕前拉著長輩要聽他們講故事的味道，儘管我和選手們都是同輩。但當杜福明和我說在左營訓練，每天被剛從日本職棒回來的李來發、高英傑操到上廁所腳都在抖，行軍床的上舖爬不上去就倒頭隨地而睡；李居明說為了練好滑壘、褲子都不知磨破幾條；曾智偵說在美國移地訓練，球員間拿剃頭刀互相剪髮，卻搞到像狗啃似的；呂文生說比賽的道奇球場，大到無法想像加上滿滿的人，每次一抬頭就聽到嗡嗡聲響從天而降，賽前還緊張到頻尿不已。

還有趙士強的賽事回憶，對美國八局下二出局之後，被第三棒克拉克擊出中外野方向安打，李居明回傳非常直非常快，但回傳球居然打到投手板彈開了，然後跑者得分，最後中華隊就以一比二輸球。還有對日本延長到十局下半，二壘有跑者，第四棒荒井幸雄擊出游擊方向彈跳球，眼看游擊手吳復連就要接到球，守住這一局，沒想到球在吳復連面前突然不規則彈跳，越過吳復連頭頂上，跑者跑回本壘，中華隊又輸了，就輸這一分。

趙士強說的這段，那時我在千萬哩外的台灣聽著收音機，然後慘叫聲驚嚇到身旁所有人。除了趙士強的實戰回憶外，其他人說的我不在現場，但我也像是身歷其境般，因為不論是哪個球員，回想起一九八四年，真像是昨天才發生一樣地清晰，然後表情活靈手腳活現地傳達給我，我看不到自己的表情，但相信那瞬間我雙眼應該是閃著亮光吧！我確定有。

一九八四年夏天離現在快逼近四十年了，歲月是無情的怪獸，我和挺著個大肚子的趙士強在他辦公室聊天；葉志仙這位當年的大帥哥，看文件得先把老花眼鏡掛上；楊清瓏、呂文生看東西沒有戴眼鏡，但得手持物體離六十公分才能看清；吳復連滿頭白髮像鄰居家的老翁；和郭泰源開玩笑說我現在終於可以打得到他的球了，他回了我句：「可是我現在投不到啊！」歲月是無情的怪獸，會無情地摧毀你所有美好的印記，但一九八四年的他們不會，他們永遠是我的英雄，再過四十年都不會變。

三十幾年來，當年這批台灣的棒球菁英，後來出了個體育大學校長，十二位職棒總教練，在兩聯盟分別拿下十二座總冠軍，他們播了很多棒球種子在這座島上，一如一九三一年遠征日本後的嘉農棒球隊。他們在台灣棒壇各個角落的影響力是存在的，對台灣棒球發展也有一定的使命感和期許，所以當台灣因新冠肺炎不能去打資格賽時，不知他們會不會遺憾呢？如果沒有COVID-19的插花，按計畫台灣辦資格賽，他們也許和我有一定的期待吧！他們的中華隊口袋名單會是？我個人覺得多年未加入國家隊的陳偉殷會打，然後有年輕火球的古林睿煬、陳韻文、徐若熙，還有從美國回來的江少慶、胡智為，光投手就讓人很有想像空間，野手的統一獅三帥，還有其他各隊的中心打線，愈講就愈覺得期待值很高。

可惜那只能想像而已，有夢最美，但這是永遠不會成真的夢。至少我們還有美好的回憶，二〇〇四年陳金鋒那一擊；一九九二年郭李建夫會消失的指叉球；還有一九八四年杜福明銅牌戰的完美收尾。

這些都是我們最美的回憶、永遠的中華英雄。

國家圖書館出版品預行編目 (CIP) 資料

野球人生 . 2, 職棒教頭列傳 / 曾文誠著 . -- 初版 . -- 臺中市 : 好讀出版有限公司 , 2021.11
面； 公分 . -- (小宇宙 ; 21)

ISBN 978-986-178-571-4(平裝)

1. 臺灣傳記 2. 職業棒球 3. 教練 4. 人物志

783.32 110017101

好讀出版

小宇宙 21

野球人生 II ：職棒教頭列傳

作　　者／曾文誠
圖片提供／中華職業棒球大聯盟、中央社
總 編 輯／鄧茵茵
文字編輯／莊銘桓
美術編輯／鄧語葶
封面設計／鄭年亨
行銷企劃／劉恩綺
發行所／好讀出版有限公司
台中市 407 西屯區工業 30 路 1 號
台中市 407 西屯區大有街 13 號（編輯部）
TEL:04-23157795 FAX:04-23144188 http://howdo.morningstar.com.tw
（如對本書編輯或內容有意見，請來電或上網告訴我們）
法律顧問　陳思成律師

線上讀者回函
獲得好讀資訊

讀者服務專線／ TEL：02-23672044 / 04-23595819#230
讀者傳眞專線／ FAX：02-23635741 / 04-23595493
讀者專用信箱／ E-mail：service@morningstar.com.tw
網路書店／ http : //www.morningstar.com.tw
郵政劃撥／ 15060393（知己圖書股份有限公司）
印刷／上好印刷股份有限公司
如有破損或裝訂錯誤，請寄回知己圖書更換

初版／西元 2021 年 11 月 15 日
初版二刷／西元 2022 年 05 月 25 日
定價：399 元

Published by How Do Publishing Co. ,LTD.
2022 Printed in Taiwan

ISBN 978-986-178-571-4